대한민국 임시정부
바로 알기

대한민국 임시정부
바로 알기

이봉원

정인출판사

이봉원 <small>아호, 얄라</small>

충청북도 청주에서 태어나, 서울대학교 심리학과를 졸업했고, 육군 중위로 전역한 뒤, 극단 얄라성 대표, 기독교방송 프로듀서, 국립영화제작소 감독, 극영화 감독, 텔레비전 드라마 작가 들의 일을 하다가, 현재는 기록영화를 제작하는 얄라성 프로덕션의 대표로 있다.

그 밖에 사회활동으로는, 대학생 때 '국어운동학생회'를 창립해서 한말글(우리말과 한글) 사랑 운동, 한말글 이름 짓기 운동을 시작했고, 지금은 '한말글이름을사랑하는사람들' 〈http://cafe.daum.net/hanname〉 이끔빛, '대한민국임시정부사적지연구회' 〈http://cafe.daum.net/kpgs27〉 회장 직을 맡고 있다.

주요 작품

• 연극 연출 _ '당신 좋으실 대로' (셰익스피어) 외 다수
• 극영화 연출 _ '엘리베이터 올라타기' 외 2편
• TV극본 _ '청춘극장' (22부작), '김구' (16부작) 외 다수
• 방송다큐 제작 _ '세계로 한글로', '임시정부 27년 대륙 3만리' (3부작) 외 다수
• 저서 _ '내 사랑 꿔린' (장편소설), '국새 1, 2권' (장편소설), '우암산 아이들' (장편동화), '연극연출' (편역서), '광복조국' (공저)

대한민국 임시정부 바로 알기

초판 발행 2010년 4월 8일
3 쇄 발행 2018년 11월 30일

지은이 이봉원
펴낸이 정봉선

기 획 박찬익 | 마케팅 박주연

펴낸곳 정인출판사
주 소 : 130-070 서울시 동대문구 용두동 129-162
등 록 : 1999년 11월 20일 제 6-0467호
ISBN 979-11-88239-14-6 (03900)

주요 사진 모음

대한민국 임시정부의 이동 경로와 머문 도시들

대한민국 임시정부 국새 날인면
(사방 크기 65mm)

상하이 시절 초기 임시정부 청사 (하비로 321호)

임시의정원 신년 축하 기념촬영 (1921. 1. 상하이)

한인애국단원 가입 선서문과
수류탄을 손에 든 이봉창 의사
(1931. 12. 상하이)

1933년 5월, 김구와 장제스가 회담했던 난징 총통부 관저 소접견실 (1999. 3. 이봉원 촬영)

1937년 11월, 난징을 침공한 일본군을 피해 수서문 부두에서 커다란 목선을 타는 임시정부 요인과 대가족들의 모습 (증언을 바탕으로 그린 상상화)

임시정부가 상하이를 탈출한 뒤 맨 처음 임시 판공실을 두었던 항쩌우 청태제2여사 (1994. 4. 이봉원 촬영)

창사 서원북리에 마련한 임시정부 청사
(1994. 4. 이봉원 촬영)

창사 시절, 민족진영 요인들 피격 사건이 일어난
남목청 9호 (1994. 4. 이봉원 촬영)

1938년 3월, 민족혁명당 계열의 인사들이 우한에서 충칭으로 이동할 때 이용한 작은 범선 4척

1938년 10월, 우한에서 결성된 조선의용대의 표찰

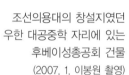

조선의용대의 창설지였던
우한 대공중학 자리에 있는
후베이성총공회 건물
(2007. 1. 이봉원 촬영)

1939년 4월 하순, 임시정부 대가족이 꾸이양을 떠나 치쟝으로 갈 때, 버스 여섯 대로 넘은 72굽이산길
(1994. 4. 이봉원 촬영)

치쟝 시절, 임시정부 청사가 있던 강변 터 (2007. 1. 이봉원 촬영)

조완구, 차리석 양 지사 회갑 기념촬영
(1941. 9. 충칭)

광복군 제3지대가 주둔했던 푸양 싼타지 마을 (1998. 10. 이봉원 촬영)

1945년 여름, 시안에서 한미 합동 군사
훈련을 받는 광복군 3총사
(왼쪽부터 노능서, 김준엽, 장준하)

한미 합동 군사훈련을 위해 광복군 제2지대가 주둔했던 시안 두곡마을의 주둔지
(1994. 4. 이봉원 촬영)

김구 주석이 해방 소식을 전해 듣고 눈물을 흘린 산시성 주석의 공관 (1999. 3. 이봉원 촬영)

일본 항복으로 환국하게 된 임시정부 요인과 직원들의 기념촬영 (1945. 11. 충칭)

임시정부 개선을
환영하는 학생과 시민들
(1945. 12. 서울)

1948년 4월, 남북협상을 하러 평양으로 가기 위해 삼
팔선을 넘는 김구 (가운데)

민족 지도자 김구가 쓴 자서전 '백범일지' 원본
(보물 제1245호)

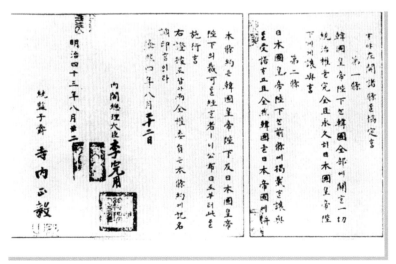

1910년 8월 22일 서울에서, 이완용 총리대신과 데라우치 마사타케 통감이 체결한
한일병탄조약

차 례

대한민국의 뿌리인 임시정부를 알자

광복회 회장 김영일

　대한민국은 3 · 1독립운동의 결과로 수립된 대한민국 임시정부에 참여하셨던 모든 애국선열의 자주독립 쟁취와 조국광복 회복이라는 변함없는 신념과 희생정신에 기반하여 수립된 독립된 주권국가라는 데에 우리 국민은 추호의 의심이 없다. 그 대한민국의 역사적 주체인 임시정부는 27년이라는 세월을 겪어 오면서 너무도 많은 시련을 이겨내 왔다.

　우리 민족 최대 숙원인 통일은 동질감 회복 운동이다. 동질감은 과거 공통의 역사적 체험을 경험한 것에서 생겨나며, 그 중심에 임시정부가 있다. 남도 북도 주도 세력의 확고한 의식 변화 없이 서로 통일의 주도 세력이 되려 하기 때문에 남북통일은 요원한 것이 되고 마는 것이다.

　임시정부는 민족 유일당 구성 시도와 광복군 편제, 태평양전쟁 발발 이후 임시의정원 구성과 좌우 연립정부 형성 등을 통해 민족주의와 사회주의 이념을 극복하려는 노력을 계속하였으며, 때로는 그것이 현실화되기도 하였다.

이에 대한민국 임시정부야말로 남과 북이 모두 '항일 독립투쟁'이라는 공동의 역사적 체험 속에서 이질감을 극복하고 향후 통일시대를 대비한 한민족 공동체 의식을 모으는 구심점이 되어 줄 것이다. 조국 광복 이후 김구 선생을 비롯한 임시정부 요인들이 생사를 걸고 과업으로 삼았던 통일 민주국가 건설이야말로 임시정부가 가지는 최고의 현재적 가치이자 정체성이다.

오랫동안 임시정부에 애정 어린 관심을 가지고 있던 저자가 직접 촬영한 사진들은 읽고 보는 이들에게 잔잔한 감동을 선사한다. 해설자의 내레이션과 체험자의 증언을 함께 엮어 나가는 다큐멘터리 기법을 써서, 보는 이들이 상황을 이해하는 데 어려움이 전혀 없으며, 읽고 보는 재미를 더해 준다. 이제껏 보지 못한 귀중한 자료들도 있어 임시정부에 관심을 가진 이에겐 '발견'의 기쁨을 또한 안긴다.

본서는 임시정부의 거의 모든 것을 다루었고 평가한다. 우선 사진의 가짓수에 놀라고, 사진의 치밀한 구성에 감탄한다. 본서에 수록된 사진들을 보고 있노라면, 27년의 임시정부사, 아니 치열했던 독립운동사가 파노라마처럼 눈앞에 펼쳐지는 느낌을 받는다.

1933년 5월 김구와 중국 장제스(蔣介石)가 배석자를 물리치고 밀담을 나눠 한국 청년들을 모아 무관 훈련을 시키게 된 역사 현장인 난징(南京)총통부 관저를 비롯해, 지금은 철거돼 흔적이 없는 창사(長沙)의 임시정부 청사와 지금도 가슴을 쓸어내리게 하는 '남목청 피격 사건'의 현장인 남목청 9호 건물, 그리고 피난길에 오른 임시정부 대가족이 숨가쁘게 넘었던 꾸이쩌우성(貴州省)의 72굽이 산길, 광복군 총사령부 성립 전례식장의 모습, 조국 광복을 맞아 임시정부가 환국하기 전까지 머물렀던 충칭(重慶) 연화지 임시정부 청사, 린첸(臨泉)에서 충칭까지 장장 70일 동안 6천 리 장정에 나섰던 일본군 탈출 학병들(한광반 출신)이 출발 직전 찍은 기념사진과 광복군 징모6분처 초모위원회가 있던 푸양(埠陽)의 짜오펑(趙朋, 일명 싼타지) 마을 사진 등등은 임시정부와 관련된 이들에게 70여 년의 세월을 뛰어넘어 저마다의 추억 한 자락을 떠올리게 해 준다. 그 가운데는 특히 내가 참여했던 광복군 제3지대 창설 기념사진과 창설 직후 허난성(河南省) 리황(立煌)에서 한 달 간 OSS훈련을 받을 때 사용한 한글 암호표 사진은 지금 보니 감회가 깊다. 그러나 이마저도 이제는 함께 추억할 이들이 많지 않아 서글프다.

오늘의 대한민국 국민 특히 역사 교사와 학생들을 위해 이 책을 내놓는다는 저자의 본 서적 출간 의식은 광복회원들과 독립운동 관련 단체들의 구성원 모두의 기대에도 충분히 값한다 할 것이다. 오히려 이 서적이 더 일찍 빛을 보지 못하고 이제야 빛을 보게 된 것에 대해 아쉬움마저 갖게 한다. 또한 부록으로 소개한 '대한민국 임시정부 문헌과 국새의 분실 전말기'와 '중국 내 독립운동 유적지 실태 조사'에서는 저자 나름의 고증을 통해 사실을 확인하고 이를 바로잡으려는 노력이 엿보인다.

최근 일각에서는, 27년 간 풍찬노숙하며 참으로 피어린 고난의 삶을 견뎌 온 대한민국 임시정부를 국제적 승인을 받지 못했다고 단죄하며 대한민국의 역사에서 배제하려 하는데, 이는 헌법 정신에도 반하는 심히 개탄스러운 일이다. 그래서 '대한민국 임시정부가 나라밖 중국에서 하루라도 존재할 수 있었고 분투할 수 있었다는 것은 일본이 시종 한국을 완전히 정복하지 못했다는 것을 뜻한다.'는 후춘혜 교수 (대만 국립정치대학)의 증언은 호소력이 있다. 또한 본문 중 '간혹 대한민국 임시정부가 열강의 승인을 받지 못했다고 낮추어 평가하는 경우가 있지만, 남의 나라를 빼앗아 부를 누리는 제국주의 열강이 식민지 해방운동과 독립운동을 벌이는 국가와 정부를 승인할 리가 없지 않은가. 그것은 바로 제국주의 시각에서 나온 말일 뿐."이라는 저자의 식견에 전적으로 동의를 표한다.

본서가 채록한 증언자들 중에는 벌써 고인이 된 이들이 많다. 이분들의 명복을 함께 빌면서, 저자에겐 그간의 노고에 감사드린다.

2010년 3월

임시정부가 꿈꾼 사회는 왔는가?

대한민국임시정부기념사업회 회장 김자동

　대한민국 헌법은 그 전문에서 대한민국 정부는 임시정부의 법통을 계승한 것으로 되어 있습니다. 그런데도 요즘 '뉴 라이트'로 알려진 집단에서는 이러한 헌법 정신을 훼손하는 일을 하고 있습니다. 심지어 정부에서 발간한 책자를 통해 그들은 대한민국의 뿌리가 미군정에 있다는 반민족적인 주장까지 폈습니다. 외국 주둔군의 철권 통치 기간을 민주주의의 모태라니요, 참으로 어처구니가 없습니다.

　1919년 4월 중국 상하이에 모인 한민족 독립지사들은 먼저 임시의정원을 만든 뒤 임시정부의 국호를 '대한민국'으로 정하고 '민주공화제'를 골간으로 한 '임시헌장 10개조'를 채택함으로써 새 국가의 탄생을 온 세계에 천명하였습니다. 이로써 대한제국은 정식으로 종료되었고 대한민국이 새롭게 탄생한 것입니다.

　1948년 5·10선거를 통하여 탄생한 국회는 제헌 헌법을 채택하고 대한민국 정부를 수립하였습니다. 이 헌법의 전문은 '유구한 역사와 전통에 빛나는 우리 대한 국민은 기미 3·1운동으로 대한민국을 건립하여 세계에 선포한 위대한 독립정신을 계승하여 이제 민주독립국가를 재건함'(후략)이라고 명시했습니다. 그리고 1987년의 개정 헌법은 전문에서, '대한민국 임시정부의 법통 계승'을 거듭 확인했습니다. 그것은 오늘의 대한민국이 1919년 탄생한 대한민국 임시정부의 국호와 국체, 정신, 법통을 모두 계승했다는 뜻입니다. 그러니까 1948년 8월 15일에 수립된 대한민국 정부는 당시 헌법에 의해서도 1919년에 수립된 대한민국 임시정부를 계승하고 '재건'한 것이지, 결코 새로운 나라를 세운(건국) 게 아니란 말입니다. 따라서 대한민국 초대 대통령 이승만은 건국의 아버지가 될 수 없고, 2008년 또한 건국 60주년이 될 수가 없는 것이지요.

이런 마당에 이봉원 선생이 대한민국 임시정부 27년의 역사를 알기 쉽게 정리한 본서를 출간하게 된 것은 참으로 반가운 일이며, 임시정부기념사업회의 책임을 맡고 있는 나로서는 무척 고맙게 생각합니다. 이 선생은 여러 해 동안 임시정부의 발자취를 따라 중국을 여행하며 기록영화까지 제작하는 열성을 가진 분입니다. 금번 출간되는 이 책이 대한민국 임시정부를 이해하고 항일 투쟁의 역사를 인식하는 데 크게 도움이 되리라고 믿습니다.

임시정부를 만든 어른들이 꿈꾼 사회는 참으로 위대한 것이었습니다. 그분들은 좀더 평등하고, 좀더 인간적이고, 좀더 위엄있는 그런 사회를 꿈꿨었는데, 지금 우리가 살고 있는 이 나라, 이 사회가 과연 그러한지, 이 자리를 빌어 묻지 않을 수가 없습니다.

2010년 3월

우리나라 국호는 왜 '대한민국'인가?

1987년 국민투표로 개정된 대한민국 헌법의 전문은, '유구한 역사와 전통에 빛나는 우리 대한국민은, 3·1운동으로 건립된 대한민국 임시정부의 법통과, 불의에 항거한 4·19 민주이념을 계승하고…'로 시작한다.

그렇다. 대한민국은 1919년 중국 상하이에서 수립된 '대한민국 임시정부'에서 '대한민국'이란 국호와 '민주공화제'란 정체를 모두 따 왔다.

그런데 우리 국민 가운데 이러한 사실을 알고 있는 사람은 얼마나 될까? 불행히도, 현실은 알고 있는 사람보단 모르고 있는 사람이 훨씬 더 많다는 것이 내 생각이다.

그 책임은 일반 국민한테 있는 것이 아니다. 이 나라를 이끌어 가고 있는 기득권 세력이 그런 헌법 정신을 외면해 온 경우가 많았기 때문이다.

일제강점기 때 친일 반민족 행위를 한 자들에 대한 정부의 진상 규명과 이들이 소유한 부당한 재산을 국가에 귀속시키는 법안들이, 임시정부 법통을 계승한다는 헌법 전문을 제정하고도 거의 이십 년 가까이 돼서야 입법 시행하고 있는 것을 보면 알 수 있다. 그러니 일반 국민 대다수가 이런 사실을 잘 모르고 있는 게 당연한 일이 아닐까.

(대한민국 임시정부는 1945년 9월 임시정부 당면정책을 발표했는데, 그 안에 '독립운동을 방해한 자와 나라를 팔아먹은 역적에 대하여는 공개적으로 엄중히 처분한다.'는 조항을 두었다.)

그래서 나는 이 책을 쓰기로 작정했다. 전문적인 연구서나 대학 교재용 서적이 급한 게 아니다. 대한민국 국민이라면 반드시 알아야 할, 비록 상식 수준의 지식일지라도, 알기 쉽게 그리고 생동감 있게 전달하자는 목적에서다.

나는 이 글을 쓰기 전에, 대한민국 임시정부와 관련한 작업을 십여 년에 걸쳐 해 왔다. 가장 먼저 백범 김구에 대한 텔레비전 드라마 16부작을 집필해 방송했고, 이어 대한민국 임시정부를 주제로 한 다큐멘터리 3부작을 제작해 방송했다. 그리고 한국전쟁 때 분실한 대한민국 임시정부의 국새를 소재로 해서 쓴 장편소설 '국새 1,2'를 출간했다. 그 밖에, 러시아 연해주에서 있었던 한민족 초기 독립운동에 관한 다큐멘터리도 제작해 방송한 바가 있다.

오로지 이러한 작업들만을 위해 내가 중국 대륙을 여행한 기간은 모두 네 번에 걸쳐 85일에 이른다. 현지 유적지들을 조사하고 촬영하고 자료를 수집하는 데 걸린 시간이다. 또한 연해주 땅에도 9일 간 여행하며 같은 일을 했다. 그리고 이들 작업을 위해 녹화 인터뷰한 관련 인사만도 50여 명에 이른다. 그러다 보니, 관련 유적지 여러 곳을 내가 처음 발견하는 감격도 경험했고, 귀중한 자료들을 찾아 국내에 처음 소개하는 보람도 거뒀다. 이 책자에는 그러한 사진과 자료 들이 모두 실려 있다.

한국 근현대사는 일제 침략자와 부왜역적들에 의한 국권 상실의 역사와 그에 대항해 일어난 한민족의 독립운동사로 시작돼야 한다. 그리고 그 독립운동사는 대한민국 임시정부의 수립과 활동이 근간이 돼야 한다.

이와 같은 취지와 배경에서, 나는 그간 내가 쌓은 경험을 토대로, 이번이 대한민국 임시정부에 관한 내 마지막 작업이라 여기고, 이 책을 썼다.

우선 대한민국 임시정부의 연표를 넣었고, 그 다음에 임시정부와 관련해서 일반인이 가장 궁금히 여길 만한 것들을 추려, 알기 쉽게, 임시정부 27년의 활동을 문답 형식으로 소개했고, 본문으로, 중국 대륙을 떠돈 임시정부 27년의 역사를 3백여 장의 사진과 20장의 삽화(장영주 화백 작화)를 넣어 현장감 있게 소개했다. 그 밖에, 임시정부의 국새와 문헌들이 어떻게 사라졌는지, 그 실종 수수께끼의 전말과 임시정부에서 일했던 독립운동가 열여덟 분을 골라 그분들이 남긴 유언들, 백범의 건국 이상이 담긴 '나의 소원' 그리고 내가 조사한 중국 내 임시정부 사적지 실태 등을 부록으로 붙였다.

이 책이 특히 우리 청소년들과 역사 교사들에게 도움이 됐으면 싶다. 한 세기 전 나라가 망했을 때, 누가, 망한 나라를 되살리겠다고 어떻게 애를 썼으며, 그러기 위해 자신과 가족을 어떻게 희생했는지를 알리고 싶었기 때문이다.

2010년 새해 아침에
글쓴이 이 봉 원

대한민국 임시정부 관련 연표

1875년 — 운양호사건

1876년 — 강화도조약

1894년 — 청일전쟁

1895년 — 명성황후 시해

　　— 1차 의병봉기 —

1904년 — 러일전쟁

1905년 — 을사늑약

　　— 2차 의병봉기 —

1907년 — 이완용내각 성립

　　— 3차 의병봉기 —

1908년 — 장인환, 전명운 의거

1909년 — 안중근 의거

1910년 — 미국, 대한인국민회 성립 (5.)

1910년 — 경술국치 (일제강점기 시작) (8.29)

1919년 — 일본 유학생, 독립 선언 (2.8)

　　　 — 기미년 삼일독립운동 (3.1)

　　　 — 러시아 블라디보스토크, 대한국민의회 정부 독립선언서 발표 (3.17)

　　　 — 상하이, 대한민국 임시정부 수립 (4.11) / 임시정부 수립 선포 (4.13)

　　　 — 국내, 한성 임시정부 수립 선포 (4.23)

　　　 — 임시정부, 파리강화회의에 독립청원서 제출 (5.10)

　　　 — 임시정부, 국내 연통제 실시 (7.10)

　　　 — 임시정부, 독립신문 창간 (8.21)

　　　 — 임시정부, 전문 7장 58조의 임시헌법 제정 공포 (9.11)

　　　 — 통합 임시정부 '대한민국 임시정부' 출범 (9.15)

1920년 — 봉오동 회전 (6.7)

　　　 — 임시정부, 소련정부와 비밀협정 체결 (7.)

　　　 — 청산리 대첩 (10.21~26)

1921년 — 중국 호법정부, 대한민국 임시정부 승인 (11.3)

1923년 — 상하이, 국민대표회의 개막 (1.3)

1925년 — 이승만, 임시대통령직에서 탄핵. 후임에 박은식 취임 (3.13)

　　　 — 임시정부, 대통령제를 국무령 중심 내각제로 2차 개헌 (3.30)

1926년 — 임시정부, 상하이 보경리 4호로 이전 (12.1)

　　　 — 김구, 국무령에 취임 (12.14)

1927년 — 임시정부, 집단지도체제(국무위원제)로 개편하는 3차 개헌 (3.5)
1928년 — 장제스, 북벌 완수로 중국 통일 (7.)
1930년 — 상하이, 한국독립당 결성 (1.)
1931년 — 만주사변 발발 (9.18)
        — 중화소비에트임시정부 수립 (11.)
1932년 — 이봉창, 일본왕에게 폭탄 투척 (1.8)
        — 윤봉길, 홍구공원 의거 (4.29)
        — 임시정부, 항쩌우(杭州) 시대 시작 (5.15)
1933년 — 김구, 장제스를 만나 대일 전투 방책 협의 (5.)
        — 만주 대전자령에서 한국독립군이 일본군 대부대 섬멸 (6.30)
1934년 — 해외 독립단체들, 대일 공동 투쟁 합의 (3.1)
        — 뤄양군관학교 한인특별대 군사 교육 실시 (3.)
1935년 — 임시정부, 쩐쟝(鎭江)으로 이전 (11.25)
        — 김구, 한국국민당 조직 (11.하순)
1937년 — 중일전쟁 발발 (7.7)
        — 한국광복운동단체연합회 (광복진선) 결성 (8.17)
        — 임시정부와 광복진선의 요인과 대가족, 난징(南京) 탈출 (11.23)
        — 임시정부 제1진, 창사(長沙) 도착 (12.4)
        — 일본군 난징 점령 (난징학살사건) (12.13)
1938년 — 김구, 창사 남목청에서 피격 (5.7)
        — 임시정부, 창사 출발 (7.17) / 광쩌우(廣州) 도착 (7.20)
        — 조선의용대 (총대장 김원봉) 결성 (10.10)
        — 임시정부, 푸산(佛山) 탈출 (10.20)
        — 임시정부, 류쩌우(柳州) 도착 (11.30)
1939년 — 한국광복진선 청년공작대 조직 (2.)
        — 임시정부 대가족, 류쩌우 출발 (4.22), 꾸이양(貴陽) 도착(4.25), 꾸이양 출발 (4.28), 치쟝현 도착 (4.30)
        — 임시정부, 치쟝(綦江) 시대 시작 (5.3)
        — 김구와 김원봉, 공동 성명서 발표 (5.)
1940년 — 한국독립당−조선혁명당−한국국민당 통합, 한국독립당 창립 (5.9)
        — 임시정부, 충칭(重慶)시대 시작 (9.)
        — 임시정부, 광복군총사령부 설치 (9.17)
        — 임시정부 4차 개헌, 주석 중심체제로 개편 (10.9)
1941년 — 임시정부, 대한민국 건국강령 제정 발표 (11.28)
        — 임시정부, 대미외교위원회(위원장 이승만)를 워싱턴에 설치 (11.)
        —조선민족혁명당, 임시정부 참여를 결의 (12.10)

- 일본의 진주만 기습, 태평양전쟁 발발 (12.8)
- 임시정부, 대일선전포고 의결 (12.9) / 포고문 발표 (12.10)

1942년
- 중국 국민당정부(국방최고위원회), 대한민국 임시정부 승인 (4.)
- 조선의용대, 광복군 제1지대로 편입 (5.18)
- 임시정부, 국기 통일 양식 결정 (6.29)

1943년
- 광복군, 연합군 요구로 버마 전선에 참여 (8.13)
- 카이로 선언 (11.27)

1944년
- 임시의정원 제36회 회의, 5차 개헌안 통과로, 연립정부 형태의 임시정부 구성 (4.22)
- 프랑스와 폴란드 망명정부, 주중대사관을 통해 임시정부 승인을 통보 (6.)

1945년
- 임시정부, 연화지 청사로 이전 (1.1)
- 일본군 탈출 한인 학병들, 임시정부 청사에 도착 (1.31)
- 광복군 OSS훈련 실시 (5.)
- 히로시마, 원폭 투하 (8.6) / 나가사끼, 원폭 투하 (8.9)
- 일본, 포츠담선언 수락 (8.10)
- 일제의 패망 선언으로 한반도 해방 (8.15)
- 소련군 평양 점령 (8.24) / 38도선으로 국토 분단 (9.2)
- 임시정부, 임시정부당면정책 발표 (9.3)
- 미군정 시작 (9.17)
- 임시정부 요인 1진 환국 (김구 외) (11.23)
- 임시정부 요인 2진 환국 (12.1 옥구비행장 / 12.2 서울 도착)
- 서울운동장에서 임시정부개선환영대회 개최 (12.19)
- 한국신탁통치안 발표 (12.27)

1946년
- 중앙청 건물에 태극기 공식 게양 (1.14)

1948년
- 김구, 남북협상 제의 (3.8) / 평양 방문 (4.19~5.4)
- 대한민국 정부 수립 (8.15)
- 조선민주주의인민공화국 수립 (9.9)

1987년
- 대한민국 헌법 개정 (10.29)

2004년
- 일제강점하 반민족행위 진상 규명에 관한 특별법 제정 (3.22)

2005년
- 친일반민족행위자 재산의 국가 귀속에 관한 특별법 제정 (12.29)

2009년
- 민족문제연구소, 친일반민족행위자 4,389명 수록한 '친일인명사전' 발간 (11.8)
- 대통령 소속 친일반민족행위진상규명위원회, '친일반민족행위자 1,005명에 대한 보고서 발표' (11.27)

알기 쉬운
'대한민국 임시정부'
문답

우리나라 국호인 '대한민국'은 어디서 따 왔나?

⇨ 1948년 8월 15일 수립된 '대한민국'의 국호는 1919년 4월 11일 중국 상하이(上海)에서 수립된 '대한민국 임시정부'가 사용한 국호를 그대로 따 온 것이고, 제헌 헌법 또한 대한민국 임시정부의 임시 헌법이 뿌리가 되었다.

따라서 '대한제국'(大韓帝國, 1897년 10월 12일부터 1910년 8월 29일까지 존속한 조선 왕조의 국호)에서 따 오지 않은 것은 확실하다.

* '한'은 한자 '韓'으로 적고 있지만, 본래 순 우리말이라는 주장도 있다.

우리나라 헌법 전문에 '대한민국은 대한민국 임시정부의 법통을 계승한다.'고 되어 있는데, 이것은 중국에 있던 '대한민국 임시정부'를 계승했다는 뜻인가?

⇨ 그렇다. 1987년 10월 29일 우리나라 헌법을 국민투표로 개정하면서, 헌법의 머리말이라 할 수 있는 헌법의 전문이 "유구한 역사와 전통에 빛나는 우리 대한국민은 3·1운동으로 건립된 대한민국 임시정부의 법통과 불의에 항거한 4·19민주이념을 계승하고…"라는 구절로 시작한다. 이것은 대한민국의 정통성과 뿌리가 일제강점기에 중국에 있던 대한민국 임시정부에 있다는 역사적 사실을 명문화한 것이다.

그리고 1948년 7월 17일, 제헌 국회가 제정해 공포한 헌법 전문에도 "기미 3·1운동으로 대한민국을 건립하여 세계에 선포한 위대한 독립정신을 계승하여 이제 민주독립국가를 재건함에 있어서"란 내용이 들어 있다. 여기서 '3·1운동으로 대한민국을 건립했다'는 뜻은 '대한민국이 건국되고 임시정부가 탄생했음'을 가리키는 말이다.

대한민국 임시정부는 언제 어떻게 생겨났나?

⇨ 대한민국 임시정부는 3·1운동의 결과로 탄생했다. 3·1독립선언서 첫 줄에 '조선이 독립국임'을 밝혔다. 그 독립 국가의 이름을 짓고 그것을 운영할 정부를 만

들고 나선 일은 너무나 자연스러운 것이었다. 또한 이들 민족 지도자들은 더욱 조직적이고 적극적인 독립운동을 전개하는 데 우리의 정부가 필요하다는 점을 깨닫게 됐다. 마침 이 즈음에 천여 명의 한국 혁명 지사가 머물고 있던 중국 상하이에서는 동제사와 신한청년당의 인사들이 '독립임시사무소'를 설치하는 등, 상하이에선 한국의 임시정부가 태어날 여건이 마련돼 있었다.

마침내 1919년 4월 10일 저녁, 각 지방 대표 29명이 상하이 프랑스 조계인 김신부로(金神父路, 현주소 瑞金2路)에 있는 한 집에 모였고, 거기서, 임시 국회 격인 '임시의정원'을 구성했다. 그리고 곧 이어 첫 번째 의정원 회의를 열어, 임시정부의 국호를 '대한민국'으로 정하고 '민주공화제'를 골간으로 한 '임시헌장 10개조'를 채택한 뒤에, 선거를 통해 국무원을 구성했다. 그때가 날이 바뀌어 4월 11일. 그리고 이런 사실은 4월 13일에 세상에 공포됐다.

대한민국 임시정부의 최초 헌법과 초대 각료는…?

⇨ 대한민국 임시정부의 최초 헌법인 '대한민국 임시헌장'은 우리 역사에서 국민이 주인이 되는 민국이자 민주 공화 정부임을 밝혔다.

<대한민국 임시헌장>

제1조 대한민국은 민주공화제로 한다.

제2조 대한민국은 임시정부가 임시의정원의 결의에 의하여 이를 통치한다.

제3조 대한민국의 인민은 남녀의 귀천과 빈부의 계급이 없이 일체 평등하다.

제4조 대한민국의 인민은 종교, 언론, 저작, 출판, 결사, 집회, 신서, 주소 이전, 신체와 소유의 자유를 향유한다.

제5조 대한민국의 인민으로서 공민의 자격이 있는 자는 선거권과 피선거권을 가진다.

제6조 대한민국의 인민은 교육, 납세, 병역의 의무를 가진다.

제7조 대한민국은 신의 의사에 의하여 건국한 정신을 세계에 발휘하며, 나아가 인류의 문화와 평화에 공헌하기 위하여 국제연맹에 가입한다.

제8조 대한민국은 구황실을 우대한다.

제9조 생명형, 신체형 그리고 공창제를 전폐한다.

제10조 임시정부는 국토 회복 후 만 1년 내에 국회를 소집한다.

대한민국 원년 4월 일

임시의정원 의장 이동녕

\<상하이 임시정부 초대 각료\>

국무총리(이승만), 내무총장(안창호), 외무총장(김규식), 법무총장(이시영), 재무총장(최재형), 군무총장(이동휘), 교통총장(문창범)

대한민국 임시정부는 초창기에 어떤 활동을 했나?

⇨ 가장 먼저 임시정부는 국내의 비밀 지방 행정 체계라고 할 수 있는 연통제를 시행했다. 1919년 7월 10일 국무령 제1호로 공포된 이 비밀 조직망을 통해 우리나라 사람들은 임시정부와 연락하거나 독립운동에 가담할 수 있고, 애국 공채를 발행해 군자금도 전달할 수 있게끔 했다. 그러나 일본 경찰의 지속적인 감시와 탄압 때문에, 기대한 성과를 못 낸 채 1921년에는 국내의 연통제가 거의 무너지고 말았다.

이 밖에 통신과 교통, 무기 수송 따위의 일을 하기 위해 교통국을 설치했고, 해외의 동포 사회를 총괄하기 위해 거류민단제를 실시했다. 대표적인 조직으로는 상하이 거류민단과 만주 지역의 대한국민회, 한족회가 있었고, 미주 지역의 대한인국민회와 대한인교민단이 있었다.

두 번째로 외교 활동을 펼쳤는데, 외무총장 김규식을 전권대사 겸 강화회의 파리 주재 대표위원으로 임명해 파리 강화회의에서 한국의 독립을 주장토록 한 것과 미국에 구미위원부를 두어 이승만을 중심으로 적극적인 외교 활동을 전개토록 하는 등, 한국의 독립을 국제적인 사안으로 만들었다. (구미위원부는 설립 초기 임시정부의 합법성을 인정받기 위해 미국 행정부를 상대로 외교 활동을 폈는데, 미국 대통령 토머스 윌슨과 국무성의 냉담한 반응으로 성과를 거두지 못하자, 일제의 침략과 한국의 입장을 미국 사회에 호소하고 여론을 조성하는 방향으로 활동했다.)

세 번째로 임시정부는 기관지로 <독립신문>을 발행하여 나라 안팎으로 보내 우리 나라 사람들에게 독립 의식을 불러일으켰다. 또 사료편찬소를 두어 《한일관계 사료집》을 펴내, 한국이 일본과 다르고 독립을 해야 하는 역사적 증거를 국제연맹에 제시했다.

대한민국 임시정부 시절에 국회 성격의 기구가 있었나?

⇨ 입법기관으로서, 1919년 4월 1차 회의에서 '대한민국 임시의정원(의회)'이 구성됐다. 의장으로 이동녕이 선출돼 임시헌장을 제정하고, 각 지방을 대표하는 의원들을 뽑았다. 이 날 회의가 곧 제헌국회인 셈이다. 여기에서 '대한민국'을 건국하고 임시정부를 구성했다. 임시의정원은 국토를 되찾았을 때 국회로 고친다고 정했다. 임시의정원은 일체의 법률안과 임시정부의 예산과 결산을 의결하는 외에도 행정부가 집행하는 국정 전반에 대한 사항을 심의 의결하고, 대통령의 선출과 탄핵권까지 가지는 막강한 권한이 부여되었다.

<임시의정원 역대 의장>

초대 이동녕, 2대 손정도, 3대 홍 진, 4대 김인전, 5대 조소앙, 6대 장 붕, 7대 윤기섭, 8대 조상섭, 9대 여운형, 10대 최창식, 11대 이동녕, 12대 이 강, 13대 이동녕, 14대 송병조, 15대 김붕준, 16대 송병조

임시정부는 중국 상하이에서 수립된 것 하나뿐인가?

⇨ 그렇지 않다. 가장 먼저 러시아 연해주에서 '대한국민의회(1919. 3. 17.)'가 세워졌고, 두 번째로 중국 상하이에서 '대한민국 임시정부(1919. 4. 11.)', 마지막으로 국내에서, '한성임시정부(1919. 4. 23.)'가 세워졌다. 그런데 러시아 땅의 임시정부는 의회는 있으나 행정부가 없었고, 국내의 한성정부는 행정부는 있으나 의회가 없는 반면, 중국 땅의 '대한민국 임시정부'는 유일하게 의회와 행정부를 모두 갖췄다. 그리고 1919년 9월 11일, 상하이 대한민국 임시정부는 임시헌법을 고쳐 다른 두 임시

정부를 흡수 통합했다. 그 밖에 국내에서 움직임에 그쳤던 조직으로는 '대한민간정부'와 '조선민국임시정부', '신한민국정부'가 더 있었다.

<통합 임시정부 각료>

(1919년 9월 통합 정부의 각료 조직은 한성 정부의 것을 그대로 인수했다. 다만 행정부 최고 수반의 명칭은 '집정관 총재'였던 것을 이때 '대통령'으로 바꿨다.)

대통령(이승만), 국무총리(이동휘), 내무총장(이동녕), 외무총장(박용만), 군무총장(노백린), 재무총장(이시영), 법무총장(신규식), 학무총장(김규식), 교통총장(문창범), 노동국총판(안창호)

대한민국 임시정부는 왜 이승만을 최고위직에 추대했나?

➡ 미국에 있던 이승만은, 국내에서 서울을 중심으로 활동하던 기독교 세력이 주도해 만든 한성임시정부가 자신을 집정관 총재로 선출하자 그리고 또 이 내용이 세계 통신사인 연합통신(UP)에 보도돼 미국에까지 알려지자, 그때부터 그는 자신을 한국 임시정부의 대통령(President)이라 칭하며 그렇게 적은 명함을 사용했다. (이때까지는 대한민국 임시정부에서도 이승만은 '대통령'이 아닌 '국무총리'였다.)

어쨌거나 그때 세 군데 임시정부가 모두 이승만을 국무총리나 집정관 총재로 추대한 배경은 이럴 것으로 추정한다. 그 시절 국내외에서 활동하던 독립운동가의 상당수가 기독교 신자였는데, 이승만은 한국인으로선 처음으로 미국에서 박사 학위를 받은 기독교인 (개신교 신자) 독립운동가였다. 그런 데다가 그가, 우리나라 독립에 가장 큰 영향력을 가진 미국의 28대 대통령 윌슨(Thomas Woodrow Wilson, 1856~1924)이 총장으로 재직했던 프린스턴 대학교의 졸업생이란 사실 때문에, 각 임시정부의 구성원들은 미국에 있는 이승만에게 기대를 많이 했다.

* 이승만은 1910년 7월 미국 프린스턴대학에서 "미국의 영향을 받은 영세중립론"으로 철학박사 학위를 받았다.

<임시정부 역대 수반>

초대 (국무총리제) 이승만, 2대−5대 (대통령제) 이승만, 6대 (대통령제) 박은식, 7대 (국무령제) 이상룡, 8대 (국무령제) 홍 진, 9대 (국무령제) 김 구, 10대 (국무위원제) 이동녕, 11대 (국무위원제) 송병조, 12대 (국무위원제) 양기탁, 13대−14대 (국무위원제) 이동녕, 15대−16대 (주석제) 김 구

대한민국 임시정부의 초대 대통령 이승만은 왜 탄핵됐나?

⇨ 1919년 4월 11일, 중국 상하이에서 대한민국 임시정부가 수립돼 임시정부의 진용이 구성되면서, 초대 국무총리에 이승만, 내무총장에 안창호가 선출됐다. 그러나 이승만은 상해에 오지 않고 미국에서 직제에 없는 대통령 행세를 했다. 그래서 수립 초기 임시정부는 어쩔 수 없이 부재 중인 국무총리를 대신해서 상하이에 있던 안창호가 한동안 이끌었다.

그런 중에 이승만은 그 해 9월에 바뀐 임시헌법에 따라 자신의 뜻대로 임시 대통령이 됐고, 이듬해인 1920년 12월에 상하이로 왔다. 그러나 그가 미국 윌슨 대통령에게 보낸, 한국에 대한 (국제연맹에 의한) 위임통치 청원 편지(1919. 2.)로 인해, 신채호 등 여러 사람한테서 심한 질책과 공격을 받고는, 1921년 5월 다시 미국으로 돌아갔고, 마침내 1925년 3월에 이승만은 임시 대통령직에서 탄핵됐다.

[참고 자료] 1919년 8월, 상하이 대한민국 임시정부 국무총리 대리 안창호와 워싱턴 구미위원부 이승만 사이에 오간 두 통의 전문 내용

<1919. 8. 25. 상하이에서>

구미위원부 이승만 각하;

"초기 대한민국 임시정부는 국무총리 제도이고, 한성정부는 집정관 총재 제도이며, 어느 정부에나 대통령 직명이 없으므로, 각하는 대통령이 아닙니다. 지금은 각하가 집정관 총재 직명을 가지고 정부를 대표하실 것이요, 헌법을 개정하지 않고 대통령 행사를 하시면 헌법 위반이며 정부를 통일하려던 신조를 배반하는 것이니, 대통령 행사를 하지 마시오."   대한민국 임시정부 국무총리 대리 안 창호

[답장] <1919. 8. 26. 워싱턴에서>

상하이 대한민국 임시정부 안창호 씨;

"우리가 정부 승인을 얻으려고 전력하는데, 내가 대통령 명의로 각국에 국서를 보냈고 대통령 명의로 한국 사정을 발표한 까닭에, 지금 대통령 명칭을 변경하지 못하겠소. 만일 우리끼리 떠들어서 행동이 일치하지 못한 소문이 세상에 전파되면 독립운동에 큰 방해가 있을 것이며, 그 책임이 당신들한테 돌아갈 것이니, 떠들지 마시오."

— 워싱턴 이승만

백범 김구는 언제부터 대한민국 임시정부의 주석 지위에 있었나?

⇨ '임시정부 청사의 문지기라도 했으면' 하는 마음에서 상하이로 망명한 김구는 대한민국 임시정부가 수립된 직후 현지에 도착한 관계로 초창기에는 아무 직책도 맡지를 못했다. 그러던 그가 처음으로 중책을 맡게 된 것은 1919년 9월 대한민국 임시정부가 통합 단일 정부가 되면서부터이다. 첫 직책은 임시정부와 요인을 지키고 일본 첩자를 색출해 처단하는 경찰·정보 업무를 지휘하는 경무국장, 이어 1922년 9월에 내무총장을 거쳐, 1926년 12월에 비로소 임시정부 최고위직인 국무령 직에 취임했다. 그 뒤 임시헌법 개정에 따라 국무위원, 군무장 직을 맡기도 했다가, 1940년 10월, 마침내 임시정부를 대표하는 주석 제도가 생기면서 그 자리에 올라 환국 때까지 그 직을 이었다.

대한민국 임시정부가 국제적으로 위상이 높아진 때가 있었다면 언제인가?

⇨ 대한민국 임시정부의 국제적 위상이 한껏 높아진 때가 세 번 있었다. 그 첫 번째가 1932년 1월 8일 일본 도쿄 사쿠라다문 앞에서 히로히토 일본왕이 탄 마차에 수류탄을 던진 이봉창 의거 때이고, 두 번째는 같은 해 4월 29일 상하이 홍구공원(虹口公園, 현재 魯迅公園)에서 일본 거류민들을 모아놓고 전승 기념 행사를 벌이던

일본군 수괴들에게 폭탄을 던져 거꾸러뜨린 윤봉길 의거 때이다. 거사의 주인공들은 김구가 임시정부 안에서 조직하고 지도한 한인애국단의 단원이었다. 한국인의 강인한 독립 정신과 저항 정신을 온 세계에 과시한 이 양대 의거는 국내외 동포 사회는 물론 중국인들에게도 대단한 감격으로 큰 영향을 미쳤다. 중국 국민당의 영수 장제스(蔣介石)는 중국의 백만 군대가 못한 일을 단 한 사람의 한국인이 해냈다고 말했다. 이로써 그 동안 침체했던 한국 독립운동은 활력을 되찾게 됐다.

그리고 세 번째로 대한민국 임시정부의 위상이 국제적으로 크게 신장됐던 계기는, 일본군에 징집돼 중국 땅에 와 있던 수십 명의 한국인 학병이 70일 동안 장장 6천 리를 걸어서 1945년 1월 31일 충칭(重慶)에 있던 임시정부 청사를 찾아온 때이다. 일본군대를 탈출한 한국 지식 청년들이 임시정부를 찾아온 사건은 국제적인 뉴스가 됐다. 이미 30여 년 간 일제의 지배를 받고 있던 터에, 자신들이 태어나기도 전에 빼앗긴 나라의 주권을 되찾겠다고, 사선을 넘어온 이들의 행동은, 한국인들의 식을 줄 모르는 독립에 대한 의지와 한국 임시정부의 위상을 크게 높이는 계기가 되었다.

대한민국 임시정부는 27년 내내 상하이에만 있었나?

⇨ 그렇지 않다. 대한민국 임시정부는 정부가 처음 수립된 1919년 4월부터 윤봉길 의사가 홍구공원 의거를 벌인 1932년 4월까지 13년 동안만 상하이에 있었다. 그런데 윤 의사 의거로 큰 타격을 받은 일본의 군경이 프랑스 조계지까지 들어와 마구잡이로 한인들을 잡아가는 바람에, 임시정부는 급히 항쩌우로 옮길 수밖에 없었고, 요인과 가족들 역시 항쩌우나 쟈싱(嘉興) 같은 인근 도시로 숨어들어야 했다. 그리고 5년 뒤인 1937년 7월 중일전쟁이 터지고 일본군대가 중국 국민당정부의 수도인 난징을 공격하자, 임시정부와 요인 그리고 이들 가족 백 수십 명은 본격적인 피난 길에 오른다. 그러나 임시정부와 대가족은 중국 땅 어디에서도 안전할 수가 없었다. 내륙으로 피난해 잠시 머물라치면 곧 이어 일본군대가 그 곳까지 쳐들어오고, 그러면 다시 안전한 다른 도시로 급히 이동해야만 했다. 이처럼 중국 남부 여러

도시를 전전하는 힘겨운 유랑생활은, 일본군의 육상 진입이 거의 불가능한 내륙 천혜의 요새 도시, 충칭(난징을 탈출한 중국 국민당정부가 전시 수도로 삼은 곳)으로 들어가 중국 국민당정부 곁에 머물기까지 3년이나 계속 됐다.

　<임시정부의 이동 순서>

　상하이(上海상해 1919. 4.)→항쩌우(杭州항주 1932. 5.)→쩐쟝(鎭江진강 1935. 11.)→창사(長沙장사 1937. 11.)→광쩌우(廣州광주 1938. 7.)→류쩌우(柳州유주 1938. 11.)→치쟝(綦江기강 1939. 5.)→충칭(重慶중경 1940. 9.)→서울(1945. 11.)

대한민국 임시정부는 군대를 가지고 있었나?

　⇨ 만주와 러시아 연해주 지방에서 독자적인 무장 항일 운동을 하던 독립군들은 통합 조직을 만들기 위해 여러 가지 노력을 기울였으나, 주변 국가들의 비협조와 일본의 방해로 결실을 보지 못했다. 그러나 대한민국 임시정부는 강한 군사력을 지닌 독립군을 양성해 독립전쟁을 더욱 적극적으로 전개해야 할 필요성에 따라, 1940년 9월 17일 충칭에서 한국광복군을 창설했다. 이때 광복군은 인원과 부대 편제를 갖춰 창설한 것이 아니어서, 그 뒤 광복군이 존립하는 내내, 국내와 만주 지역, 중국 관내에 있는 한인 장정을 비밀리에 불러 모으는 초모 활동이 계속됐다. 그 결과 중국에서 일본군 부대를 탈출한 한인 병사들도 한국광복군으로 들어왔다. 그리고 이들을 장교로 길러 내기 위해 산시성 시안(西安)에 한국청년훈련반을 두었고, 안휘성 린첸(臨泉) 지역에는 일본군대를 탈출한 한인 사병들을 모아 광복군 간부로 양성하기 위해서 한국광복군 간부훈련반을 두어 역시 장교로 길러 냈다.

한국광복군의 활동상은?

　⇨ 광복군은 임시정부 산하의 정규군이다. 만주와 시베리아 지역에서 활동하던 신흥무관학교 출신의 독립군과 중국 대륙에서 독립운동을 하던 애국 청년들이 중심이 됐다. 그러나 한국광복군 총사령부가 맨 처음 부딪친 어려움은 군인이 될 만한

한인 청년이 부족한 것이었다. 그래서 적지의 동포를 포섭하고 빼내는 초모공작이 가장 절실했다.

임시정부는 광복군이 창설되기 전부터 조성환을 주임으로 하는 군사특파원들을 시안(西安) 방면으로 파견해 초모공작에 착수했다. 이 시안공작대의 활동은 총사령부 성립 뒤에도 계속돼, 그 성과가 이듬해 1941년 초에는 광복군 제5지대 편입으로 나타났다. 또한 같은 해 3월에는 강남 일대의 초모공작을 위해 김문호를 단장으로 하는 특파원들을 쟝시성 상아오(上饒)에 파견했다. 이러한 초모공작의 결과 총사령부 창설 1년 만에 광복군은 창설 당시의 10배에 달하는 300여 명의 인원을 확보했다. 이들을 토대로 한국광복군은 세력을 키우던 중, 1942년에 들어서서 중국 군사위원회와 나눈 협의에 따라, 이미 1938년 10월에 조직돼 대일 전투에 참여한 적이 있는 김원봉의 조선의용대를 광복군에 흡수해 3개 지대로 개편한 뒤, 1942년 5월 이청천(일명 지청천, 본명 지대형) 총사령관 아래 부사령(제1지대장 겸임) 김원봉, 제2지대장 이범석, 제3지대장 김학규, 참모장에 김홍일을 임명했다. 한국광복군이 조선의용대를 흡수함에 따라 좌우 계열이 통합한 것만이 아니라 '국군'으로서 위상을 굳혔다.

한국광복군은 일본 군대와 전투를 벌였나?

⇨ 1940년 9월 충칭에서 창설한 한국광복군은 장제스 국민당정부의 지원과 규제를 동시에 받으며 일본 패망 때까지 대일 항전 활동을 펼쳤다. 직접 전선에서 총을 들고 적과 전투를 벌이진 않았지만, 병력을 모집하기 위해 초모공작을 폈고, 교육과 훈련, 선전 활동 그 밖에 대적 심리전을 수행했다.

한국광복군은 연합군과 공동으로 작전을 수행한 적이 있는가?

⇨ 있다. 한국광복군은 연합군과 함께 부분적으로나마 대일작전을 수행했다. 인도·버마 전선에 파견한 공작대는 영국군을 도와 전단 살포 같은 심리전에 참여했

는데, 특히 일본군 포로를 심문하여 수집·정리한 정보를 바탕으로 영국군 1개 사단을 일본군 포위에서 벗어나게 했다. 또 광복군은 중국에 주둔하고 있던 미국의 전략첩보기구와 합작해 OSS훈련을 전개했다. 일본군대를 탈출한 한인 학병들이 중심이 된 광복군 제2지대는 시안에서 3개월 간 미군한테서 특수훈련을 받은 뒤, 일본군이 점령하고 있는 한반도에 비밀히 침투하는 국내진입작전을 미군과 합동으로 막 전개하려는 순간 일본이 항복해, 안타깝게도 이 작전은 수포로 돌아갔다.

광복군 제3지대도 허난성 리황(立煌) 지역에서 1개월 간 이러한 훈련을 받았고, 제1지대는 충칭에서 훈련 대기 중에 해방을 맞았다.

* 한미군사합작의 이 작전이 계획대로 성공했더라면, 한국광복군은 떳떳이 연합군의 일원으로 대우받게 되고, 대한민국 임시정부도 연합국으로부터 망명정부로 인정을 받았을 것이다. 그렇게 되면, 해방 뒤 한반도가 삼팔선으로 갈려 남북한이 미군정이나 소군정의 지배를 받지도 않았을 것이고, 같은 겨레끼리 싸우고 죽이는 전쟁이 일어나지도 않았을 것이다. 그리고 이 땅엔 마침내 독립선열들의 바람대로 평화로운 통일 민주 국가가 들어섰을 것이란, 가정을 떨칠 수가 없다.

광복군으로서 임무 수행 중에 순국한 대원이 있나?

▷ 일본군대를 탈출한 학병 출신 광복군이었던 제3지대 한성수(韓聖洙, 일명 李想一) 대원이 작전 중에 체포돼 일본군 감옥에서 순국했다.

1921년 8월 18일 신의주 낙청동 102번지에서 한일현의 장남으로 태어난 한성수는 고향에서 보통학교를 마치고, 정주(定州)의 오산고보를 거친 다음, 1941년 일본 전수대학 경제학과에 입학, 그 해 여름 정숙저와 결혼했다. 그리고 1944년 1월 20일 일제의 학도병 소집 명령으로, 평양에 주둔하고 있던 제50부대에 강제 입대해, 그 해 2월 말 중국 쉬쩌우(徐州)에 도착했다. 3월 말, 일본군 병영을 탈출해 푸양(阜陽)에 있는 광복군 제6초모분처에 합류, 10월 말 적 지구 내 초모공작을 위해 다른 동지들과 함께 상하이로 밀파됐다. 거기서 광복군에 입대시킬 청년들을 모집하는

데 성공한 뒤, 군자금을 확보하던 중에 불행히도 1945년 3월 13일 새벽, 친일 부호의 밀고로 일본군 특무기관원 10여 명에게 기습을 당했다. 이때 함께 있던 7명의 대원이 체포됐고, 그들은 상하이 주둔 군법회의에서 비공개 재판을 받았다.

재판장이 "너는 일본에서 대학을 다닌 학병 출신인데, 왜 국어(일본어)를 쓰지 않는가?" 하고 묻자, 한성수는 "나는 한국인이다. 너희는 일어를 국어라 하지만 내 국어는 아니고 원수의 말이다. 나의 국어는 한국말일 뿐이다." 라고 답변했다.

그리고 그는 1945년 5월 13일, 조국 광복을 3개월 앞둔 채, 난징형무소에서 치안유지법 위반 죄목으로 처형됐고, 다른 대원들은 제각기 수년씩 징역형을 선고받았다.

조선의용대와 조선의용군은 한국광복군과 어떻게 다른가?

⇨ 우선 조선의용대는 한국광복군이 창설되기 두 해 전인 1938년 10월 10일 중국 후베이성 우한(武漢)에서 김원봉을 총대장으로 하여 창립됐다. 그리고 며칠 뒤, 중국 내륙의 최대 거점 도시인 이 지역을 향해 일본의 백만 대군이 쳐들어오자, 조선의용대의 백여 명 대원은 중국 군대와 함께 우한방위전에 참가했다. 그러나 며칠 못 가 방어선은 일본의 엄청난 화력에 속절없이 무너졌고, 조선의용대원들 또한 우한이 함락되기 직전 사방으로 흩어져야만 했다. 하지만, 이때 치른 전투는, 중일 전쟁 때 조선인들로 구성된 항일 부대가 처음으로 일본 군대와 맞서 싸운 역사적인 사건이 됐다.

총대장 김원봉은 조선민족전선연맹과 조선의용대 대본부를 이끌고 꾸이린(桂林)까지 철수했고, 그 해 12월부터 1941년 3월까지 조선의용대 본부를 그 곳에 두었다. 중국 국민당 군대를 쫓아 다른 전투 지역으로 이동한, 남은 두 개 지대는 이후 중국 각 방면에서 유격 선전 활동을 계속 벌였다.

1941년 7월, 중국 북부 지방에서 활동하던 의용대원들은 조선의용대 화북(華北) 지대로 이름을 바꾸고, 팔로군, 신사군과 함께 여러 작전에 참가했다. 특히 중국 공산당의 지휘를 받는 팔로군과 함께 했던 태항산(太行山) 마전장(麻田莊) 전투에선 많은 대원이 격렬한 전투를 치른 끝에 장렬히 전사했다.

1942년 5월, 조선의용대 총대부는 충칭에서 한국광복군 제1지대로 편입되고, 김원봉은 그 해 12월, 광복군 부사령 겸 제1지대장으로 취임했다. 한편, 그 해 7월엔 조선의용대 화북지대가 조선의용군으로 개편되었다.

대한민국 임시정부가 일본에 대해 선전포고를 했다고 하는데 사실인가?

⇨ 그렇다. 1941년 12월 8일, 일본군의 진주만 공격은 세계 최강국인 미국을 크게 자극했다. 일본의 비행기들이 전혀 방비가 없는 하와이 진주만을 기습 공격한 것이다. 항만 안에 정박 중이었던 미국 함선들을 비롯해서, 비행장과 해군 공창이 두 시간 동안에 완전히 파괴됐다. 이튿날 (1941년 12월 9일) 대한민국 임시정부는 일본에 대해 즉각 선전포고를 했다. 독일과 이탈리아가 일본을 뒤따라 미국에 선전포고했고, 이에 맞서 미국을 비롯해 영국, 프랑스, 중국, 소련 등 세계 40여 개 나라는 연합국을 형성해 일본과 싸웠고 끝내 승리했다. 이것이 1945년 8월 15일까지 벌어진 태평양전쟁이다.

<대한민국 임시정부 대일선전성명서>

우리는 3천만 한국인과 정부를 대표하여 중국, 영국, 미국, 소련, 캐나다, 호주와 기타 제국의 대일 선전을 삼가 축하한다. 그것이 일본을 격파하고 동아시아를 재건하는 가장 유효한 수단이 되기 때문이다. 아울러 특별히 다음과 같이 성명한다.

1. 한국의 전체 인민은 현재 이미 침략을 반대하는 진선(陣線)에 참가하였으니, 1개의 전투 단위로써 축심국(軸心國/일본,독일,이탈리아)에 선전(宣戰)한다.
2. 1910년의 합병조약과 일체의 불평등조약의 무효를 거듭 선포하고, 침략을 반대한 국가들이 한국 안에서 얻은 합리적인 기득권익을 존중한다.
3. 한국과 중국, 서태평양으로부터 왜구를 완전히 구축하기 위하여 최후 승리를 거둘 때까지 혈전한다.
4. 일본 세력 아래 조성된 창춘(長春)과 난징(南京) 정권을 절대로 승인하지 않는다.

5. 루스벨트 · 처칠 선언의 각 항이 한국의 독립을 실현하는 데에 적용되기를 견
   결히 주장하며, 특히 민주진영의 최후 승리를 축원한다.
   대한민국 23년 12월 9일
   대한민국 임시정부 주석 김 구, 외무부장 조소앙
   * 성명서 발표 날짜는 12월 10일

대한민국 임시정부는 어떤 정당이 주도했고 기본 이념은 무엇인가?

⇨ 1930년 1월 25일 중국 상하이에서 이동녕, 김 구, 조소앙, 이시영, 안창호 등
26명에 의해 조직된 민족주의 계열의 독립운동 정당은 '한국독립당'이다. 대한민국
임시정부의 핵심 요인들이 참여한 이 정당은 독립 투쟁 전선의 통일과 지방 파벌의
청산을 목표로 삼았다. 특히 이동녕, 안창호 등은 조소앙의 삼균주의(三均主義)를
채택해 당의와 당강을 기초했고, 항일 투쟁을 펴 나갔다. 직할 단체로는 상하이한인
청년당과 상하이한인애국부인회, 상하이한인여자청년동맹, 상하이한인소년동맹 등
을 두고, 지방 조직도 설치했다. 김구의 주도 아래 강력한 항일 투쟁을 벌이던 중,
1932년 4월 윤봉길의 홍구공원 의거로 김구를 비롯한 주역들이 몸을 숨기고 안창호
가 체포돼 한국으로 압송되자, 당은 버텨 내기도 힘들었다. 이를 극복하기 위해 김
구가 1935년 11월에 '한국국민당'을 만들었다. 그 뒤 임시정부가 충칭에 자리잡게
되자, 1940년 5월 9일, 김구의 '한국국민당', 조소앙의 '한국독립당', 이청천의 '조선
혁명당'이 통합해, "한국독립당"으로 다시 창당되고, 이 당이 대한민국 임시정부의
실질적인 집권당 구실을 했다.
 <삼균주의>
대한민국 임시정부의 국무위원이며 독립운동 진영의 이론가로 활동한 조소앙이
제창한 민족주의적 정치 사회 사상으로, '삼균'이란 개인간, 민족간, 국가간 균등을
말하고, 정치적, 경제적, 교육적 균등의 실현으로 삼균을 이루어, 세계일가(世界一
家)의 이상사회를 건설한다는 평등주의 사상이다. 독립운동 내부의 좌우익 사상을
지양 또는 종합해서 독립운동의 기본 방략과 미래 조국 건설의 지침으로 삼기 위한

사상이다. 1918년 무렵부터 싹트기 시작해, 1931년 임시정부의 '대외선언'에서 체계가 성립됐으며, 1941년 11월 28일 발표한 '대한민국 건국강령'에서 대한민국 임시정부의 건국 기본 이념과 정책 노선으로 확정됐다.

<한국독립당의 주요 인사>

(집행위원장) 김 구 / (집행위원) 홍 진, 조소앙, 조시원, 이청천, 김학규, 유동열, 안 훈, 송병조, 조완구, 엄항섭, 김붕준, 양 묵, 조성환, 박찬익, 차리석, 이복원 / (감찰위원장) 이동녕 / (감찰위원) 이시영, 공진원, 김의한

민족주의 계열의 3당 통합 과정에서 발생한 남목청 사건이란…?

▷ 대한민국 임시정부가 후난성 창사(長沙)에 머무는 동안, 독립운동계 인사들은 다시 민족진영의 통합문제를 본격적으로 논의하기 시작했다. 그래서 1938년 5월 7일, 광복진선 3당을 대표하는 인사들이 조선혁명당 본부가 있는 남목청 9호 2층집에 모였다. 임시정부 수호파인 한국국민당의 김구와 조완구, 조선혁명당의 이청천과 현익철, 한국독립당의 홍진, 조소앙 그 밖에 유동열 등 몇 사람이 더 참석했다. 그런데 이들이 구체적인 토의를 한창 진행하고 있을 때, 난데없이 괴한 한 명이 회의장으로 뛰어들어와 권총을 난사했다. 괴한이 쏜 첫 탄환에 김구가 먼저 심장 근처를 맞고 쓰러졌다. 이어 날아온 총알들은 현익철과 유동열을 차례로 쓰러뜨렸고, 마지막 총알은 실전 경험이 많아 재빨리 몸을 피할 수 있었던 이청천의 손등에 가벼운 상처만을 입혔다. 중상을 당한 세 사람은 아래층에서 달려온 청년 당원들에 의해 급히 병원(湘雅醫院)으로 실려 갔지만, 현익철은 이미 운명했고, 유동열은 경상이었다. 그리고 김구는 한 달 넘게 입원 치료를 받아야 할 만큼 중태였는데, 완치 뒤에도 그때 박힌 총알 하나를 살아생전 가슴 속에 안고 지내야 했다.

한편, 범인 이운한은 며칠 뒤 중국 경찰에 체포돼 사형을 선고받았으나, 일본군이 창사를 침공할 때 탈옥 도주했다. 사건 배후나 범행 동기로는 일제의 책동일 가능성이 많지만, 아직까지 명확하게 밝혀진 것이 없다.

대한민국 임시정부는 좌우 통합 정부였나?

▷ 1941년 11월, 대한민국 임시정부가 대한민국 건국강령을 발표하고, 다음 달 12월에는, 일본 비행기들의 하와이 진주만 기습 공격에 대응해서 일본에 선전포고를 한다. 이어, 1943년 11월에는, 미국, 영국, 중국 세 나라 국가 영수들이 이집트 카이로에 모여, 한민족의 독립을 국제적으로 보장하는 선언서에 서명하는 등, 이 즈음, 한국의 운명에 영향을 미치는 국제 정세가 긴박하게 전개되기 시작했다. 그런 중에 중일전쟁 이후 김구가 이끄는 광복진선(한국광복운동단체연합회)과 김원봉이 이끄는 민족전선(조선민족전선연맹) 양쪽을 모두 지원하던 중국 정부가 효율적인 대일 투쟁을 위해서는 서로 단합해야 한다며, 양 진영의 통합을 종용했다. 그 결과, 1944년 4월 22일, 마침내 한민족 독립운동 역사상 가장 뜻 깊은 일이 충칭 오사야항 청사에서 이뤄진다. 이 날 열린 대한민국 임시의정원의 제36회 회의는 비상시국에 따라 연립정부 형태를 갖추고 주석의 권한을 더욱 확대하는 내용으로, 임시헌법을 개정했다. 이로써, 한국의 임시정부는 망명 세력 전체가 오랫동안 바랐던 대로 모든 정파의 인사가 고루 참여하는 임시정부로 다시 태어나게 됐고, 대내외로도 그 위상이 크게 높아졌다. 이 마지막 임시정부 체제는 일제의 패망으로 환국할 때까지 그대로 유지됐다.

제5차 개헌에 따라 국무위원과 각 부서장은 한국독립당을 비롯해, 조선민족혁명당, 조선민족해방동맹, 조선무정부주의자총연맹의 당원 가운데서 고루 뽑혔다.

＜좌우 합작 통일 임시정부의 각료 명단＞

(주석) 김 구 / (부주석) 김규식 / (국무위원) 이시영, 조성환, 조완구, 차리석, 황학수, 박찬익, 조소앙, 김붕준, 김원봉, 장건상, 성주식, 유 림, 김성숙, 조경한, 엄항섭, 최동오, 유동열, 신익희, 김상덕

* 김구는 이때의 경험과 확신으로 외세에 의해 분단된 남한과 북한의 통일이 대화로써 가능하다고 판단하고, 해방 정국에서 이승만이 추구하는 남한만의 단정 수립을 반대하고, 1948년 4월 19일 평양에서 열린 남북연석회의에 참여하는 등, 1949년 6월 26일 서거 때까지, 남북협상을 통한 한반도의 자주 통일 국가 건설에 대한 꿈과 희망을 포기하지 않았다.

대한민국 임시정부는 해방된 조국의 당면 과제가 무엇이라고 여겼을까?

⇨ 조국의 해방을 맞은 대한민국 임시정부는 1945년 9월 3일 충칭 청사에서 다음과 같은 임시정부 당면정책을 마련했다. 특히 이 가운데 마지막 14항은 친일파 청산 의지를 밝힌 것이어서, 오늘날 정부(친일반민족행위진상규명위원회)와 민간 단체(민족문제연구소)에서 진행하고 있는 친일파 조사 사업에 대한 정당성의 근거를 제공한다.

<1945년 임시정부 당면정책>

1. 본 임시정부는 최대한 빨리 입국한다.

2. 우리 민족의 해방과 독립을 위하여 혈전한 중국, 미국, 소련, 영국 등 우방 민족과 절실히 제휴하고, 연합국 헌장에 따라 세계 일가(一家)의 안전과 평화를 실현함에 협조한다.

3. 주요 연합국인 중국, 미국, 소련, 영국, 프랑스 등 5개 강국에 대하여 먼저 우호 협정을 체결하고 외교도경(外交途經)을 따로 덧붙인다.

4. 동맹국의 군대가 주둔하는 동안 필요하고도 적절한 모든 일들을 적극 협조한다.

5. 평화회의와 각종 국제집회에 참가하여 한국이 마땅히 가지고 있는 발언권을 행사한다.

6. 국외 임무의 결속과 국내 임무의 전개가 서로 접속되매 필수한 과도 조치를 집행하고, 전국적인 보통선거에 의한 정식 정권이 수립되기까지는, 국내 과도 정권을 수립하기 위하여, 국내외 각층 각 혁명당파, 각 종교집단, 각 지방대표와 저명한 각 민주지도자의 회의를 소집하도록 적극 노력한다.

7. 국내 과도정권이 수립된 즉시 본 정부의 임무는 완료된 것으로 하고, 본 정부의 직능과 소유 물건 전부를 과도정권에게 넘긴다.

8. 국내에서 건립된 정식 정권은 반드시 독립국가, 민주정부, 균등사회를 원칙으로 한, 신 헌장에 의하여 조직한다.

9. 국내의 과도정권이 성립되기 전에는 모든 국내 질서와 대외 관계를 본 정부가 책임지고 유지한다.

10. 교포의 안전과 귀국, 국내외에 거주하는 동포의 구제를 신속히 처리한다.

11. 적(일본)이 만든 모든 법령의 무효와 새 법령의 유효를 선포하는 동시에, 적의 통치 아래 발생한 모든 형벌자를 사면한다.

12. 적(일본)의 재산을 몰수하고 적의 교민(일본인)을 처리하되, 동맹군과 협상을 진행한다.

13. 적군(일본군)에게 강제로 끌려가 출전한, 한국 적을 가진 일본군인을 국군으로 편입하되, 동맹군과 협상해 진행한다.

14. 독립운동을 방해한 자와 나라를 팔아먹은 역적에 대하여는 공개적으로 엄중히 처분한다.

대한민국림시정부
국무위원회 주석 김 구

일본의 항복으로 한반도가 해방됐을 때, 대한민국 임시정부는 망명정부로서 인정을 받았나?

⇨ 대한민국 임시정부는 통치권을 행사할 국토와 국민이 없이 다른 나라에서 제한적으로 활동을 한, 말 그대로의 임시 정부이다. '대한제국'과도 시간적 연속성이 없고 주체 세력과도 이념이 달랐기 때문에, 엄밀히 말해 '망명정부'라고는 할 수가 없다. 오히려 독립운동가들은 황제가 빼앗긴 대한제국을 넘어 국민이 주인이 되는 대한민국을 세웠다. 그리고 이를 운영할 정부를 만들었다. 이것은 국민의 뜻이요, 독립운동가들이 그 뜻을 실천해 낸 열매였다. 국제적으로는 주권국민의 대표기관 (정부)이고, 또 대내적으로는 한민족 독립운동의 통할기구로서 활동을 했기 때문에, 대한민국 임시정부는 망명정부의 구실을 다 했다.

그럼에도, 일본 항복 직후 남한에 진주한 미군은 '재조선 미육군사령부 군정청 (1945. 9.부터 1948. 8. 15.까지, 38°선 이남 지역에서 군사 통치)'을 설치하고, 대한민국 임시정부를 한민족을 대표하는 망명정부로 인정하지 않았다. 그래서 평생을 나라 밖에서 독립운동에 헌신했던 임시정부 요인들은 개인 자격으로 환국할 수밖에 없었고, 한국광복군 역시 해산돼 대원들은 뿔뿔이 흩어져 귀국할 수밖에 없었다.

그러나 임시정부 요인들은 '개인 자격'이라고 생각하지 않았다. 김구 주석은 "내가 들어왔으니 정부도 들어온 것."이라고 말했고, 이어 "국제 관계에서는 개인 자격일 지라도 국내 동포의 처지에서는 엄연히 정부"라는 성명을 발표했다. 국민은 망명정부 '대한민국 임시정부'가 돌아온 것으로 여기고, 임시정부가 환국한 지 26일 만인 1945년 12월 19일 서울운동장에서 '대한민국 임시정부 개선 환영대회'를 열었다. 비록 강대국들은 인정하지 않았지만, 조국의 3천만 동포는 임시정부 27년의 위업과 노고를 기꺼이 인정했던 것이다.

대한민국 임시정부는 국제적으로 승인을 받은 적이 있었나?

⇨ 대한민국 임시정부가 수립된 계기로 작용한 것이 1919년 1월부터 프랑스 파리에서 시작된 파리 강화회의였다. 임시정부는 첫 번째 외교 활동으로, 김규식을 단장으로 한 대표단을 이 곳에 보내 한국의 독립을 청원했지만 승인받지는 못했다. 미국에 대한 외교 활동은 구미위원회를 중심으로 활발히 전개했지만 성과는 없었다. 그 시절 미국은 전통적으로 친일적인 방향에서 동양의 평화를 도모하고 있었기 때문에 늘 냉담했다.

다만 중국에 대한 첫 번째 외교 성과는 1921년 11월 3일에 이뤄졌다. 임시정부의 정부 특사 신규식은 중국 호법정부의 임시 대총통 쑨원(孫文)을 광쩌우에서 만나 대한민국 임시정부를 승인받았다. 그리고 레닌(Vladimir Il'ich Lenin, 1870~1924)이 이끌던 소련 정부가 1920년 7월 대한민국 임시정부에 200만 루블의 독립운동 지원 자금을 비밀리에 약속하고는 그 가운데 60만 루블을 먼저 제공함으로써, 간접적으로나마 한국의 임시정부를 인정했다.

태평양전쟁이 시작되고 대한민국 임시정부가 대일선전포고를 한 지 수 개월 뒤인 1942년 4월에는 중국 국민당정부 국방최고위원회가 대한민국 임시정부 승인안을 가결했고, 1944년 6월에는 프랑스와 폴란드의 망명정부가 주중대사관을 통해 대한민국 임시정부 승인을 통고해 왔다. 그러나 미국 정부는 중일전쟁이 일어나기 전이나 태평양전쟁이 끝난 뒤에도 대한민국 임시정부를 끝내 승인하지 않았다.

1943년 12월 1일 열강들이 카이로선언을 발표하면서 식민지 국가 가운데 유일하게 한국의 독립을 약속한 것은 대한민국 임시정부의 활동이 결정적으로 작용한 덕분이다. 간혹 대한민국 임시정부가 열강의 승인을 받지 못했다고 낮추어 평가하는 경우가 있다. 하지만 남의 나라를 빼앗아 부를 누리는 제국주의 열강이 식민지 해방운동과 독립운동을 벌이는 국가와 정부를 승인할 리가 없지 않은가. 그것은 바로 제국주의 시각에서 나온 말일 뿐이다.

일제강점기에 대한민국 임시정부가 존재한 의미는 무엇인가?

▷ 나라 안팎의 수많은 학자가 그 존재 의미를 여러 가지로 갈파하고 있지만, 대만국립정치대학의 후춘혜 교수가 한 다음의 말이, 가장 짧으면서도 핵심을 짚은 그래서 우리 모두 귀담아 들어야 할, 대한민국 임시정부가 존재했던 의미가 아닐까.

"대한민국 임시정부는 중국에서 27년 동안 독립운동을 했습니다. 그 업적에서 찾아낼 수 있는 가장 큰 의미는, 대한 민족은 어떠한 어려움에도 꿋꿋이 견디어 나가는 불요불굴의 정신과 일본 제국주의에 결단코 투항하지 않는다는 자주독립의 정신을 가지고 있음을 보여 준 것입니다. 아울러 대한민국 임시정부가 나라 밖 중국에서 27년 간 존재하고 분투했다는 사실은, 일본이 그 기간 동안 한국을 완전히 정복하지 못했다는 것을 뜻하는 것이기도 합니다."

세계 식민지 국가들은 모두 독립운동을 벌였다. 그 목표는 자주국가, 근대국가를 세우는 것이었다. 우리도 독립운동으로 대한민국이라는 근대국가를 세웠고, 이를 운영할 정부(임시정부)와 의회(임시의정원)를 조직하였다. 27년이나 되는 긴 기간 동안 정부 조직을 중심으로 독립운동, 식민지 해방 투쟁을 벌인 나라는 세계에서 오직 대한민국뿐이다.

대한민국 임시정부의 국새는 지금 어디에 있나?

⇨ 1945년 8월 일제의 패망으로, 그 해 11월에 대한민국 임시정부와 임시의정원 지사들이 중국 충칭에서 귀국하면서, 두 기관이 가지고 있던 중요 문헌들을 정리해, 임시정부의 문헌과 물품을 넣은 상자 열 개, 임시의정원의 문헌과 물품을 넣은 상자 세 개, 합해 모두 열세 개의 가죽 상자를 가지고 환국했다.

그때부터 1946년 1월 중순까지는 백범이 묵고 있던 서울시 경교장에 그것들을 간직했다가, 그 뒤 몇 차례 보관처를 옮기는 과정에서, 의정원의 문헌과 물품 상자 세 개는 의정원의 후신인 '비상정치회의' 본부로 옮기고, 임시정부의 정치문헌과 물품이 든 상자 열 개만은 그 해 5월에 다시 정리해서 상자 열 개를 여덟 개로 만든 뒤, 6월에 임시정부 비서처에 근무하는 조남직의 혜화동 주택으로 옮겨 보관했다. 그 뒤 조남직은 가정 사정으로 혜화동에서 성북동으로, 성북동에서 다시 돈암동으로 두 차례 이사를 했는데, 보관물도 그때마다 함께 따라다녔다.

그러던 중 1950년 6월 25일 한국전쟁이 일어났다. 물품 관리의 총책임자인, 전 임시정부 국무위원 조경한 지사는 남쪽으로 피난을 갔다가 1953년 여름 서울로 돌아와, 그 해 10월 조남직 가족이 살고 있는 돈암동 집을 수소문해서 찾아갔다. 그리고 그때 그 곳에서 임시정부의 문헌과 물품이 모두 사라진 것을 알게 됐다.

조남직의 부인이 말했다. '육이오동란 중 임시정부 보관물을 안채에서 일 미터쯤 떨어진 작은 창고 안 밑바닥에 깔아두고, 그 위에다가 집안의 각종 세간을 쌓아 두었었다. 남편은 북으로 끌려갔고, 팔순 시부모와 자식과 함께 갖은 험난을 겪으며 지냈다. 1951년 1월 4일 유엔군이 서울을 철수하게 되자, 모자는 병든 시부모 두 분만 집에 남겨 놓고 부산으로 피난을 갔다. 그리고 다시 올라와 보니, 그 사이에 이 집이 소이탄을 맞아 창고가 완전히 불에 타 없어졌고, 그 안에 두었던 보관물도 당연히 그때 다 사라졌다.'

애국지사 조경한은, 임시정부 물품을 보관했던 조남직 주택의 여러 정황이 소이탄과 같이 화재를 일으키는 포탄을 맞은 것 같지는 않았지만, 가족의 말을 의심할 수도, 그 이상 추궁할 수도 없는 처지라서, 깊은 상심만 안고 돌아왔다.

또한 대한민국 임시정부 국새는 임시정부의 공인함에 넣어져 따로 보관되다가,

1·4후퇴 때 경기도 안성에 있는 한 민가 지하로 옮겨져 보관되던 중 역시 소실된 것으로 전해지고 있다.

공인함은 손에 들 수 있을 정도로 작은 상자인데, 6·25사변 전에는 조경한 지사가 보관하고 있다가, 사변 때 피난을 하기 위해 서울을 떠나면서 당시 혜화동에 살고 있는, 동지며 같은 계열인 조태국(趙泰國)에게 맡겼다. 그리고 조태국은 1·4후퇴 때 자신이 맡아 가지고 있던 임시정부의 공적인 물품과 사적인 물품의 절반을 신당동에 사는 같은 동지 유선기(柳善基)에게 다시 맡겼다. 이때 임시정부의 공인함을 포함한 물품들을 넘겨 받게 된 유선기는 서울을 떠나는 피난 길에 자신이 맡은 물품들을 경기도 안성군 읍내에 사는 한 친구 집 지하에 묻었다. 그런데 그 뒤 기이하게도 하필이면 그 장소가 (로켓탄) 공습을 당해서, 임시정부 국새를 비롯한 공인이 모두 재로 바뀌거나 부서져 버렸다고, 유선기는 1953년 6월 조경한에게 보고하였다.

이상이 국새를 비롯한 대한민국 임시정부의 귀중품과 독립운동 사료로서 더할 나위 없이 귀중한 대한민국 임시정부 문헌들이 세상에서 사라진 전말이다.

자존과 투쟁

27년

자존과 투쟁 27년

1. 빼앗긴 나라

1875년 운양호사건

도처에서 의병 봉기 시작

1895년 명성황후 시해 (사진은 추정 인물)

1904년 러일전쟁

(통감부) 1905년 을사늑약 체결

1907년 고종, 만국평화회의에 (밀사)특사 파견

1908년 장인환 전명운 의거

1909년 안중근 의거

1910년 8월 29일 경술국치

동방의 해 돋는 아침의 나라 조선은, 19세기 말, 동으로 동으로 밀려오는 서구 제국주의 열강의 거센 물결에 시달리기 시작했다. 메이지유신으로 급속히 성장한 일본은 이러한 분위기에 편승해 영토 확장 야욕을 획책하게 됐는데, 그 첫 번째 대상이 바로 이 땅 조선이었다.

그럼에도 조선의 조정은, 밖으로는 국가 위기에 대한 방책 마련에 소홀했고, 안으로는 파벌과 안일, 부패로 기강마저 해이해져, 백성은 도탄에 빠진 채 신음해야만 했다.

마침내 조정의 일부 중신이 일신의 영달만을 위해 국정을 농락하기에 이르자, 더욱 살기가 어려워진 백성들은 하나둘씩 나라 밖으로 살길을 찾아 떠났고, 도처에선 의병들이 궐기하기 시작했다.

의로운 이들의 목숨을 건 투쟁이 이처럼 나라안팎에서 잇달아 일어났음에도, 끝내 반만년의 독자적인 겨레 역사를 간직해 온 이 땅은 송두리째 남의 나라에 흡수 합병되고, 죄 없는 백성들이 하루아침에 망국노가 되는 최악의 날은 오고야 말았으니…, 그 날은 1910년 8월 29일, 지금으로부터 대략 한 세기 전의 일이다.

그러나 우리 조상들은 무능한 지도자를 원망하고 신세 한탄만 하면서 자신의 정체성과 생존권을 포기하는 그런 나약한 겨레가 아니었다. 1919년 2월 8일 일본에서 유학 중이던 한인 유학생들이 도쿄 조선기독교청년회관에서 2·8독립선언서를 발표한 데 이어, 3월 1일 서울 파고다공원에서 민족대표 33인이 서명한 독립선언서가 발표됐다. 그러자 독립 만세운동은 들판의 불길처럼 전국 방방곡곡으로 퍼져 나갔고, 마침내 독립운동가들은 일제의 마수가 닿지 않는 나라밖에서 임시정부를 세우기 시작한다.

1919년 3월 1일

[삽화] 기미년 삼일독립만세운동

2. 임시정부 탄생

중국 따랜 나루

중국 요동반도 끝머리에 자리한 무역항 도시 따랜(大連)의 한적한 부두는 바닷길을 이용해 중국 동남부 해안이나 내륙으로 들어갈 수 있는 길목이기 때문에, 특히 상하이가 목적지였던 우리의 독립운동가들에게는 아주 중요한 거점이었다.

21세기 상하이

첨단의 건축술로 신축한 고층건물들이 위용을 자랑하는 상하이(上海) …. 국제 자유도시였던 상하이는 중국의 각 지방은 물론 세계 여러 나라와도 교통이 매우 편리해서, 당시 각지의 독립운동가들이 여러 방면에서 이곳으로 속속 모여들었다.

1920년대 상하이 황포강변

외국 열강들의 조계지가 있어, 망명인사들이 독립운동을 할 수 있었던 20년대의 상하이. 당시 이 곳에는 독립운동가와 그 가족 그리고 유학생 등 이미 수백 명의 한국인이 일본 세력이 미치지 못하는 프랑스 조계나 공동 조계 안에 거주하고 있었다.

대한민국 임시정부 탄생 (1919. 4. 11.)   임시정부 탄생지 (서금2로)

[삽화] 임시정부 탄생 순간의 의정원 회의장

　1919년 4월 10일 밤, 프랑스 조계 김신부로(金神父路, 현주소 瑞金2路)에 있는 한 집에, 한국의 독립운동가들이 모여들었다. 그리고 이들은 각 지방을 대표하는 29명의 인사로 임시의정원을 구성한 뒤 곧바로 첫 번째 의정원회의를 열었다. 밤을 넘기며 (4. 11.) 진행된 회의에서, 의원들은 임시정부의 국호를 '대한민국'으로 하는 민주공화체의 임시헌장을 제정한 뒤, 국무총리를 비롯해 일곱 명의 국무위원을 선출한다. 그리고 이틀 뒤인 4월 13일 대한민국 임시정부의 탄생을 온 누리에 선포한다.
　* 임시정부 요인들이 중국에서 임시정부 수립을 기념한 날은 임시헌장이 제정된 순간에 맞춰 4월 11일이다.

임시의정원 — 이동녕(의장), 손정도(부의장)

임시정부 초대 내각 — 이승만(국무총리), 안창호(내무총장), 김규식(외무총장), 이시영(법무총장), 최재형(재무총장), 이동휘(군무총장), 문창범(교통총장)

이동녕	손정도	이승만
안창호	김규식	이시영
최재형	이동휘	문창범

3. 상하이 시대

[삽화] 배로 망명 입국하는 김구

스물한 살 때, 명성황후를 시해한 일본군 장교 한 사람을 때려죽이고 체포돼 사형 선고를 받았던, 황해도 해주 사람 김구는, 감옥에서 나와 교육 사업을 하던 중 기미년 만세운동이 일어나자, 중국 망명 길에 오른다. 그리고 대한민국 임시정부 수립이 정식으로 대내외에 선포되던 날, 상하이 외탄 나루에 첫 발을 딛는다.

임시정부, 파리강화회의에 독립청원서 제출

임시정부는 다음 달 (1919. 5.) 첫 번째 외교 활동으로, 프랑스에서 열린 파리강화회의에 김규식을 단장으로 한 대표단을 보내 한국의 독립을 청원했고,

연통제로 재판받는 애국지사들

국내에는 지방행정제도로서 연통부를 설치해서 운영키로 하고 (1919. 7.), 서울을 비롯해 몇 지방에 조직을 확대하던 중, 일제의 탄압으로 2년 뒤 거의 무너지고 말았다.

경무국장 김구

상하이 하비로 321호
임시정부 청사

상하이에 도착해 임시정부를 찾아간 김구는 정부 청사를 지키는 문지기를 원했다. 하지만 국무총리 대리 안창호는 그 해 9월 김구를 초대 경무국장에 임명했다. 김구는 자신의 직책에 맞게 일본 첩자를 색출하고 배신자를 처단하는 등, 임시정부를 수호하는 일에 전심전력했다.

국내에서 3·1만세운동이 일어나자, 각지에서 기다렸다는 듯이 임시정부가 세워졌다. 목적이 같고 각원의 인선도 중복됐다. 결국 러시아 땅에서 조직된 '대한국민의회(1919. 3. 17.)'와 국내에서 조직된 '한성임시정부(1919. 4. 23.)'가 그 해 9월 상하이에 있는 '대한민국 임시정부'로 흡수 통합돼 단일정부가 됐다. 임시헌법의 첫 번째 개정(1919. 9. 11.)을 통해 새로 출범한 대한민국 임시정부는 각원의 인선도 다시 했는데, 먼저 신설된 임시대통령 직엔 이승만을 선출했고, 국무총리 직에 이동휘가 선임됐으며, 그 밖에 박용만(외무총장), 노백린(군무총장), 신규식(법무총장)이 새로 각료가 됐다.

박용만

노백린

신규식

새로 짠 내각으로 새해를 맞이한 대한민국 임시정부는 가장 먼저 국무부 포고를 통해 온 국민의 독립운동 참여를 호소했다.

20년대 상하이 거리

임시정부가 자리를 잡은 상하이에는 그 무렵 천 명에 육박하는 한인 동포가 모여 살았다. 상인과 전차회사 검표원 같은 생활인이 일부 있긴 했지만, 대부분은 독립운동을 하기 위해 각지에서 모여든 지사와 그 가족들이었다.

그런데 큰 뜻을 품고 불철주야 뛰어다니는 지사들이라 해도, 활동을 하기 위해선 생계가 유지돼야 하는데, 일정한 직업이 없고 별다른 생계 수단도 없다 보니, 이들의 생활은 매우 궁핍할 수밖에 없었다.

김구 가족이 살던 집   최준례 (김구 부인)

김구가 중국으로 망명한 지 1년이 지나 부인 최씨가 어린 아들을 데리고 상하이로 왔다. 비로소 김구는 영경방(永慶坊) 10호에서 잠시나마 아내가 해 주는 따뜻한 밥을 먹을 수 있었다.

청산리 대첩 (1920. 10.)

김좌진

홍범도

1920년 10월, 임시정부에는 정부 수립 이후 처음으로 반가운 소식이 날아든다. 김좌진, 홍범도 등이 인솔하는 연합 독립군이, 백두산록에서 만주를 침입한 일제 토벌군을 상대로 싸워 대승을 거둔 것이다.

박은식

그 해 12월, 미국에 있던 이승만이 상하이로 와, 비록 6개월에 불과했지만 임시 대통령으로서 국정을 수행했다. 그러나 그가 1919년 2월에 미국 윌슨 대통령에게 보낸, '한국을 국제연맹에 위임해 통치를 받게 하자.'는 청원 편지로 인해, 신채호 등 여러 사람한테서 심한 질책과 공격을 받고는, 이듬해 5월 다시 미국으로 돌아갔고, 마침내 1925년 3월에 이승만은 임시 대통령직에서 탄핵됐다. 그리고 뒤를 이은 임시 대통령으로 박은식이 선출됐다.

쑨원(孫文)

1921년 11월 3일, 임시정부 외교의 첫 수확이 정부 수립 3년째 광쩌우(廣州)에서 있었다. 중국 호법정부(대총통 쑨원)가 한국 임시정부를 승인한 것이다.

의정원 신년 축하식 기념 (1921. 1. 1.)

1921년에 접어들면서, 임시정부를 중심으로 활동하던 독립운동가들 사이에 분란과 대립이 생겼다. 임시정부를 반대하는 측에서, 임시정부를 개조하든지 새 정부를 만들자며, 1923년 1월 국민대표회의를 소집했다. 이에 당시 내무총장이던 김구는 6월에 내무부령 제1호를 발표하여 국민대표회의에 경고하고 해산을 명령했다

초대 국무령에 이상룡 취임
(1925. 7.)

김구, 국무령에 취임 (1926. 12.)

재도약을 위한 정지 작업을 끝낸 임시정부는 2차 개헌(1925. 3.)을 통해 대통령제를 국무령 중심 내각제로 개편했다.

이것이 계기가 돼, 마침내 정부 청사의 뜰이라도 쓸어 보는 게 소원이었던 김구가 처음으로 임시정부를 대표하는 국무령에 취임한다.

신규식 유해 이장 표지석 (송경령능원
외국인묘역)

최준례 무덤에서, 김구 가족

김구에겐 망명 7년 만에 찾아온 영광이었지만, 그 동안 그에겐 개인적인 큰 아픔이 있었다. 송경령능원으로 이름이 바뀐 옛 프랑스 조계 공동묘지엔 김구 아내 최씨 부인을 비롯해, 조국 독립의 간절한 소망을 가슴에 품고 망명지에서 타계한 독립운동 지사들이 묻혔었는데, 이젠 모두 고국으로 이장돼, 지금 외국인묘역엔 그 흔적만이 남아 있다

보경리 4호
(1926. 12. 1. — 1932. 4. 임시정부 마지막 청사)

보경리(普慶里, 현주소 馬當路 306弄) 4호로 알려진 상하이 시절 마지막 임시정부 청사. 1925년에 건립된 이 연립주택은, 김구가 국무령에 취임할 무렵부터 윤봉길 의거로 정부가 피난길에 오를 때까지 여섯 해 동안 사용했던 집이다. 이 청사에서 임시정부는 1927년 3월 국무령제를 국무위원제로 바꾸는 3차 개헌을 한다.

김유철

"대한민국 임시정부는 프랑스 조계에 있었는데 본래 이름은 프랑스말로 '블래니 몽 말랑루'였습니다. 장소 이름을 그대로 따서 거리 이름을 지었는데, 그것이 마당로가 됐고, 그 안에 있는 보경리 4호가 임시정부였습니다. 3층 연립 건물이었어요. 사무실을 늘 지키고 계신 분들은 조완구 선생, 차리석 선생이었는데 그분들도 피하라면 피해야 했지요. 우정 비워 놓고 몸을 피할 때도 많았습니다. 그래 제가 어떤 때 들어가면, 이것도 좀 해라 하면 하고, 소제도 하고, 3층까지 많이 올라다녔어요."

【증언】 김유철 (1909년 출생, 중국 중앙육군군관학교 졸업, 광복군 총사령부 부원, 임시정부 외무부 총무과장)

백범일지 원본 (보물 제1245호)

백범 김구는 보경리 청사에서 그 유명한 백범일지를 쓰기 시작했다. 어린 두 아들에게 미리 남기는 유서였지만, 오늘날 그것은 고난한 세월에 한 위대한 인간이 어떻게 살았는지를 엿볼 수 있는 값진 유산이 됐다.

인성학교 어린이들

김구 가족 (앞 중앙 김구 모친)

임시정부 수립 후 가장 어렵던 시절, 지사와 그 가족들은 굶기를 밥 먹듯이 해야 했다. 어린 손자들을 보살피러 상하이에 와 있던 김구의 어머니 곽씨는 배추 껍데기를 줍기 위해 시장 쓰레기통을 뒤졌다.

가족이 있는 독립운동가들에겐 자녀 교육도 큰 문제였다. 그래서 임시정부는 1923년 상하이에 인성학교를 세웠다.

김정숙

"인성학교(초대교장 여운형)는 해마다 정부에 계신 요인들께서 교장을 돌아가며 맡으셨고, 또 거기 계신 분들이 선생님이 되셔서 우리를 가르치셨어요. 그 학교는 요즘의 초등학교와 달리 그때 벌써 담임제가 아니고 과목마다 다른 선생님이 가르쳐 주셨어요. 학생 수는 전교생이 50명을 넘지 못했어요. 그래도 학급마다 다섯 명, 여섯 명씩 있으면서 공부는 다 착실히 잘 했지요."
【증언】 김정숙 (1917년 출생, 광복군 총사령부 부원, 임시정부 국무위원 김붕준의 딸)

여운형 (인성학교 초대 교장)   최윤신   민영수

"하루는 백범 선생님이 들어오세요. 그러고는 '얘는 왜 이렇게 울고 앉어어?' 그러시자 우리 어머니 말씀이, '철없는 것이 먹고 살기도 힘들고, 아버지 병이 나서 약값 때문에도 힘든 형편인데, 졸업식이 뭐 대단한 거라고, 졸업식에 헌 옷 빨아서 입고 가라니까 서러워서 울고 앉았어요.' 그렇게 얘기하시더라고요. 그 이튿날 선생님이 아침 일찍 오셨어요. 그러곤 돈 1원을 어머니 앞에 내놓으시면서, '제수씨, 윤신이 옷 한 벌 해 주세요.' 어머니가 깜짝 놀라서, '선생님, 또 어디 가서 뭘 저당 잡히셨어요? 그땐 돈 없으면 여름에 겨울 것을, 겨울엔 여름 것을 저당해야 돈이 쉽게 나오거든요. 어디 가서 돈 구할 데가 없으니까 당장 우리 어머니가 그렇게 말하시더라고요. 선생님께선 웃으시면서 '글쎄, 그건 묻지 말고…, 그 어린것이 자기 딴엔 졸업식인데…. 어서 옷 해 입혀 졸업식에 보내세요.' 하시더라고요. 어린 맘에 그게 어찌나 기뻤던지, 제가 지금 여든이 넘었는데 아직도 그 일이 제 가슴 속에서 쟁쟁합니다."

【증언】 최윤신 (1917년 출생, 독립운동가 최중호의 딸)

"소학교 다닐 때에, 학교에 가면 우리는 항상 '꼬리(고려사람)'라고 불리웠지요. 처음 보는 아이들까지 나를 보면서 '샤오 꼬리 (작은 고려사람)'라고 놀렸고, 때로는 '망국노'라고 욕할 때도 있었어요. 그럴 땐 분통이 터져서 참지를 못하죠. 그러면 그놈하고 싸우게 돼요. 싸우다가 상대가 힘이 세 내가 이기지 못할 때도 나는 그냥 붙들고 늘어지는 거예요. 보기만 하면 가서 붙잡고… 날 욕했다고 말이죠. 나중엔 내가 하도 끈덕지게 구니까 상대가 손을 들고 말았어요. 다시는 망국노라고 욕하지 않겠다면서…, 이런 생활도 있었어요, 소학교 때…….."

【증언】 민영수 (1921년 상하이 출생, 광복군 제2지대 대원, 임시정부 주석 판공실장 민필호의 아들)

장졔스, 북벌 완수로 중국 통일 (1928. 7.)

만주사변 발발 (1931. 9. 18.)

마오쩌뚱, 중화소비에트 임시정부 수립
(1931. 11.)

1920년대에서 30년대로 넘어가는 동안, 중국의 정세도 매우 급박하게 전개됐다. 1931년 9월, 호시탐탐 대륙 침략의 기회를 노리던 일본 관동군이 마침내 중국의 동북부 만주를 침공했다. 그리고 꼭두각시 국가인 만주국을 세우고, 그 지역을 자신들의 병참기지로 만들었다.

미주 동포들의 애국 성금 증서

그 무렵, 한국독립당을 결성한 임시정부의 핵심 인사들은 만주사변으로 위기에 처한 무장독립운동을 특무공작으로 바꾸기로 하고 (1930. 1.), 김구에게 그 전권을 맡겼다. 이에 김구는 지체없이 미주 동포들에게 편지를 써서, 급한 대로 공작 자금부터 마련하기 시작했다. 그러면서 한편으로는 몸과 목숨을 겨레에 바칠 피끓는 청년들을 찾기 시작했다.

정영국

"1931년 9월에 신의주를 거쳐 중국 땅 안동으로 갔는데, 거기서 이륭양행이 운영하는 동양환이란 배를 타고 상해로 갔지요. 그리고 임시정부가 있는 보경리로 가서 국무령으로 계시던 백범 선생을 만났습니다. 마침 선생께선 활동성이 강하고 뜻 맞는 청년 동지들을 모아 애국단을 운영하고 계셨는데, 저보고 동참할 생각이 없냐고 하셨어요. 그러시면서 하시는 말씀이, '온 세계에 한국 민족혼이 살아 있음을 보여 줘야 하는데, 그러기 위해선 가장 먼저 일본왕과 조선총독부터 제거해야 한다.'고 하셨습니다. 저는 한 달 만에 귀국했는데, 제가 중국에 다녀온 걸 눈치 챈 일본 경찰이 저를 요시찰인물로 지목하는 바람에 다시 들어가질 못했어요."

【증언】 정영국 (1910년 출생, 한인애국단 가입, 국내 독립운동 중 체포 수감 생활)

이봉창 (32세)

[삽화] 이봉창 의거 현장

　　1931년 12월 서른두 살 이봉창은 김구 앞에서 한인애국단 단원으로서 서약하고 일본으로 떠났다. 그리고 해를 넘긴 1932년 1월 8일 낮 2시, 그는 도쿄 사쿠라다문 앞에서 히로히토 일본왕이 탄 마차에 수류탄을 던졌다. 비록 폭탄의 성능이 약해 적국의 수괴를 죽이진 못했지만, 한국인의 강인한 독립정신과 저항정신을 온 세계에 과시한 이 의거는 국내외 동포사회는 물론 중국인들에게도 대단한 감격으로 큰 영향을 미쳤다.

　　이에 일본은 분풀이로써 한국 독립운동의 근거지인 상하이를 공격했다. (1932. 1. 29.)

홍구의거 현장 (1932. 4. 29.)

윤봉길 (24세)

루쉰공원 (옛이름 홍구공원)

　상하이 침공 석 달 뒤인 4월 29일, 일본군은 자기네 조계에 있는 홍구공원(虹口公園, 현재 魯迅公園)에서 일본 거류민들을 모아 놓고 전승 기념 행사를 가졌다.

　그리고 식이 막 끝나갈 무렵, 역시 김구의 지도를 받은 한인애국단 단원 윤봉길은 겨레로부터 위임받은 임무를 완수했다. 그가 던진 물통폭탄에 단상에 있던 일제 침략자들이 거꾸러진 것이다. 일본상해파견군 사령관인 시라가와 육군대장은 중상을 입고, 한달 뒤 사망했다. 그밖에도 우에다(육군중장, 제9사단장), 노무라(해군중장, 제3함대사령관), 시게미쓰(주중공사), 무라이(일본총영사)가 크게 다쳤다.

스물네 살의 윤봉길은 유품 몇 가지만을 남긴 뒤, 이렇게 자신의 한 목숨을 겨레의 제단에 바쳤다. 중국 국민당의 영수 장제스(蔣介石)는 이 의거를 가리켜, '중국의 백만 군대가 못한 일을 단 한 사람의 한국인이 해냈다.'고 말했다.

의사의 유품

홍구의거에 대한 중국인들의 반응이 호의적으로 나타나자, 일본의 군경은 프랑스 조계까지 몰려와, 닥치는 대로 동포들의 집을 수색하고 체포했다. 이때 안창호도 왜경에 체포돼 강제 귀국 길에 올랐다.

한인 체포에 나선 일본 군경

거룩한 순국

이봉창·윤봉길의 양대 의거는 그 동안 침체했던 한국 독립운동에 활력소가 됐을 뿐만 아니라, 임시정부의 위상이 국제적으로도 크게 신장되는 계기가 됐다.

그 대신 한국의 임시정부는 더는 상하이에 머물 수가 없게 됐다.

4. 항쩌우 시대

서호

국보급의 고적이 많고, 풍부한 물산과 아름다운 경치로, 예로부터 지상의 낙원으로 불리는 저쟝성(浙江省)의 성도 항쩌우(杭州).

군영여관 (옛이름 청태제2여사)

당시 현관 유리문짝

국무위원 김철은 김구가 상하이를 탈출하기 사흘 전 항쩌우로 먼저 피신한 뒤, 인화로(仁和路 22호)에 있는 청태제2여사(淸泰第二旅社) 32호실에 임시정부의 판공처를 개설했다. 거의 한 세기 전에 지어진 목조 2층 건물로써, 지금은 군영여관(群英飯店)으로 이름이 바뀌었지만, 당시에는 화려한 식당을 갖춘 이 지방 최고의 여관이었다.

"이 청태여관은 1910년에 건축됐으며, 1933년에 청태여관으로 명명됐고, 1967년 문화혁명 때 지금의 군영여관으로 개명됐습니다."
【증언】쑨캉썽 (군영여관 종업원)

청태제2여사에 처음으로 임시 판공처를 설치했던 임시정부는 그 곳이 많은 사람이 드나드는 여관이어서 일본 정탐들에게 노출될 염려가 생기자, 판공처를 그다지 멀지 않은 지역인 호변촌(長生路 湖邊村)으로 옮겼다. 많은 세대가 다닥다닥 붙어 살고 있는 연립주택 23호에서 한국의 임시정부는 한동안 (1932. 11. — 1934. 11.) 숨을 고르고 쉴 수가 있었다.

호변촌

한국독립당은 임시사무소를 학사로(學士路)에 두었는데, 여기서 조소앙은 '진광'이란 잡지를 발행하며, 독립운동의 새로운 활로를 모색했다.

호변촌에 있던 임시정부 역시 일본 정탐꾼들의 눈길에서 더는 안전할 수가 없었다. 그래서 임시정부는 세 번째로 오복리(板橋路 吳福里)로 이전해서 1년 간 머물렀는데 현재는 도시 재개발로 흔적이 사라졌다.

둘레 길이만도 15킬로미터가 된다는 서호(西湖)는 항쩌우가 가장 자랑하는 관광 명소다. 사계절 어느 때나 환상적인 풍광을 자랑한다.

당시 서호에 나들이 나온 임시정부 요인들

이 무렵 독립운동 진영 일부에서는 각 혁명 단체가 하나의 신당으로 다시 태어나자는 움직임이 일었다. 1935년 7월 사회주의 성향이 강한 의열단계 인사들이 먼저 난징(南京)에 있는 금릉(金陵)대학에서 민족혁명당을 결성했다. 그러자 민족주의자 김구는 민족혁명당에 참여하지 않은 인사를 중심으로, 그해 11월 항쩌우에서 한국국민당을 조직하고 이사장이 됐다.

난징, 금릉대학

쟈싱, 김구 은신처

쟈싱에 은신했던 임시정부 요인들

한편 홍구의거 직후 서양사람으로 위장하여 상하이를 탈출한 김구는, 인근의 호반도시 쟈싱(嘉興)으로 피신했다. 이 지역의 중국인 명망가가 그에게 은신처를 제공했기 때문이다.

매만가(梅灣街 76−4호)에 자리한 아담한 2층 저택, 지금은 오랜 풍상에 때묻고 낡았지만 당시는 꽤 괜찮은 집이었다. 게다가 호수로 연결되는 비밀 탈출구까지 설치돼 있어 김구가 숨어 지내기엔 아주 안성맞춤이었다. 배를 타고 외출했던 김구는 창가에 걸린 빨래의 색깔에 따라 집에 위기가 닥쳤는지 여부를 미리 알 수 있었다. 이웃 남만가(南灣街, 현주소 南門 日暉橋)에는 다른 임시정부 요인(이동녕, 이시영, 엄항섭 등)과 그 가족이 숨어 지냈다.

쟈싱에는 산은 없으나 호수가 사방으로 통하여 토지가 비옥하고 경관이 수려했다. 13년 동안이나 프랑스 조계 밖으론 한 발자국도 나가 보지 못했던 김구는 중국인 친구들과 함께 이 지방 명소들을 구경하며, 그간 쌓인 피로와 긴장을 풀었다. 그러나 그것도 한순간, 일본 정탐꾼들의 발길이 이 곳까지 미쳤다.

재청별서

김구는 다시 중국인 친구의 도움으로 별장지인 하이앤(海鹽)으로 피신했다. 친구의 젊은 며느리가 안내했다. 남북호(南北湖)의 호숫가에 있는 재청별서(載靑別墅), 원래는 피서별장이었는데 김구가 도착했을 때는 제사를 지내는 집으로 쓰이고 있었다. 명문가의 산장인 데다가 인적마저 드물었던 탓인지, 지은 지 한 세기가 가까워 오는 현재까지도 건물과 집기의 보존 상태는 아주 양호하다.

김구는 이 곳에서 산과 호수를 오르내리며, 주변의 빼어난 경관을 즐겼다. 그러나 이 곳도 그에겐 오래 머물만한 곳이 못 됐다.

[삽화] 선상 생활 중인 김구

쭈아이바오

김구와 장제스가 회담했던 난징
총통부 관저

쟈싱으로 돌아온 김구는 좀더 완벽한 위장 생활이 필요함을 느끼고, 여자 뱃사공(쭈아이바오 朱愛寶)에게 자신을 의탁한다. 이때부터 김구는 밤에는 호수에서 머물고, 낮에만 흙을 밟는 선상 생활에 들어갔다.

1933년 5월 김구는 중국 국민당정부 주석인 장제스를 만나러 난징에 왔다. 장제스는 이봉창 의거 때부터 김구 명성을 듣고 있었다.

김구와 장제스는 장 주석의 접견실에서 배석자를 물리친 채 밀담을 나눴다. 먼저 김구가 특무공작에 사용할 자금을 요구하자, 장제스는 한국청년들을 모아 무관 훈련부터 시킬 것을 권했다.

그리고 이듬해 봄 (1934. 3.), 중앙육군군관학교 뤄양(洛陽) 분교에는 한국 청년들을 위한 특별반이 개설됐다.

뤄양군관학교 학생대원들

"교련관이 이청천 장군이시고, 이범석 장군이 대장, 그 아래 오광선 선생이 있었어요. 우리 대는 세 구대로 구성했는데, 한 구대에 40명이 편성돼 전 대원이 백여 명 정도 됐지요. 또 각 구대장은 중국사람이었습니다."【증언】김유철

5. 쩐쟝, 난징 시절

쩐쟝

궤관유치원

쩐쟝 시절 임시정부 요인들

쟝쑤성의 난징에서 자동차로 두 시간 거리에 있는 도시 쩐쟝(鎭江). 중일전쟁 때는 난징보다 먼저 파괴됐다.

항쩌우에 있던 임시정부가 중국 국민당정부가 있는 난징과 가까운 이 곳으로 이전한 때는 1935년 11월, 그때부터 2년 간 이 도시에 머물면서, 세 번 이상 장소를 옮긴 것으로 알려져 있다. 이렇게 이사를 자주 한 까닭은 이 도시 역시 일본의 첩자가 많았기 때문이다. 중일전쟁 때는 난징보다도 이 곳이 먼저 파괴됐는데, 그만큼 이 곳 쩐쟝은 일본군에겐 난징 침공에 앞선 교두보가 될 수 있었기 때문이었다.

그런데 임시정부가 이 도시에서 처음 이삿짐을 푼 장소가 어디인지는 아직껏 정확히 밝혀지지가 않았다. 다만 이 지역 향토사학자들은 여러 해에 걸쳐 자료와 증언을 통해 연구한 뒤, 수륙사 58호 (水陸寺, 机關幼儿園) 자리에 한국의 임시정부가 있었다고 주장한다.

루차오훙

"대한민국 임시정부가 1935년 늦가을 쩐쟝에 머물렀다는 말을 듣고 쩐쟝 역사를 연구하는 이들이 연구한 바에 의하면, 당시 임시정부의 대부분 중요한 인물이 이 곳에서 사무를 보았다고 합니다. 그 근거로는 첫째 이 곳에는 방이 11개나 있어 많은 사람이 투숙할 수 있는 조건에 부합했고, 또 이 곳은 국민당의 쟝쑤성 성정부와도 가까워 연락이 편리했지요. 그리고 무엇보다도 항쩌우에서 이 곳까지 올 때 임시정부 사람들과 함께 왔던 국민당 군관의 기억이 그렇고요. 또 당시 성정부의 보안책임자가 처장 명령을 받고 비밀보안대를 파견해 임시정부 성원들을 보호한 적이 있는데, 그 분의 증언도 똑같습니다."

【증언】 루차오훙 (쩐쟝시 역사연구원)

난징 장강대교

회청교

중국의 대동맥 장강(長江)을 품고 있는, 쟝쑤성(江蘇省)의 성도 난징(南京), 중일전쟁으로 일본군에 점령될 때까지 국민당정부가 자리잡고 있었다.

뤄양에 있는 군관학교에 한인특별반을 개설한 김구는, 그 뒤 난징으로 은신처를 옮겼다. 그것을 안 일제는 암살대를 보내어 그의 생명을 노렸다. 그러자 김구는 뱃사공 쭈 여인을 불러와 회청교(淮淸橋)에 함께 살면서 고물상 행세를 했다.

상하이 시절 너무 살기가 힘들어 손자를 데리고 국내로 돌아갔던 김구 어머니 곽씨도, 9년 만에 다시 두 손자를 데리고 나와 마도가(馬道街)에 거주했다. 이들 외에도 다른 독립운동가 가족들이 마도가에서 살았다. 그러나 이 시절 여전히 많은 망명지사가 이산가족의 아픔을 겪고 있었다.

박영준

"아버지는 내가 어머니 뱃속에 있을 때 떠난 뒤로 처음 만나는 것이어서, 사진을 봐 대강은 알지만 실제 얼굴은 뵌 적이 없지요. 그런데 내가 길림에 잠깐 갔을 때 만난 적이 있는 김동조란 분이 있어요. 길림서 병원을 하며 아버지 독립운동에 찬조한 분이지요. 그분이 마침 난징에 계셔서 아버지와 연락이 닿고 있었는데, 내가 난징 역에 내리니까 김동조 선생 내외분이 나를 맞아 고로 여관으로 안내했어요. 그래서 거기서 아버질 처음으로 만났지요. 처음 뵙지만 사진을 가지고 있었으니까 첫눈에 사진과 같아서 아버진 줄 금방 알았지요. 아버진 내가 어머니 뱃속에 있을 때 떠난 분인 데다가 17년 만에 날 처음 보니까, 밤잠을 못 주무세요. 밤새도록 할아버지 할머니 안부 묻고, 집안 식구 안부 묻고…, 온밤을 통 못 주무시더군요."

【증언】 박영준 (1915년 만주 출생, 광복군 제3지대 구대장, 임시정부 국무위원 박찬익의 아들)

광화문 남기가 8호 터   호가화원

광화문 안에 있는 남기가(光華門 藍旗街)에도 임시정부 요인들의 가족이 살았는데, 그때의 집들은 이미 철거되고 그 자리엔 모두 아파트가 들어섰다.

한국국민당 청년단 휘장

중화문 안에 있는 동관두 (中華門 秦淮區 東關頭) 32호, 김구가 이끌던 한국국민당 청년들이 모여 살았는데, 바깥채는 헐렸지만 안채는 옛 모습 그대로 남아 있다. 고국을 떠나 외로움에 젖어 있는 청년들에게 이웃 동네에 살고 있는 김구 어머니 곽씨는 고향 할머니 같은 존재였다.

김원봉이 이끌던 의열단과 이청천이 이끌던 조선혁명당 청년들은 교부영(教敷營) 16호에 모여 함께 살았는데, 그 집 또한 지금은 모습을 찾아볼 수가 없다. 다만, 뤄양군관학교 한인특별반을 졸업한 김원봉 계열의 학생과 민족혁명당 인사들이 거주했던 호가화원(鳴羊街 湖家花園)의 일부와 연못은 아직도 난징 시에 그대로 남아 있다.

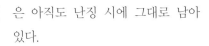

손기정, 베를린올림픽에서 마라톤 우승

그 무렵 (1936. 8.) 망명 독립운동가들에게 가뭄에 단비처럼 몹시 반가운 소식이 한 가지 전해졌다. 그것은 한국인 손기정이 독일에서 열린 베를린올림픽 마라톤 경기에서 당당히 우승을 한 것이다.

베이징 노구교

중일전쟁 발발 (1937. 7. 7.)

　중국의 수도 베이징 남서쪽 교외엔 8백 년이 넘는 매우 큰 돌다리가 하나 있다. 특히 수백 개의 사자상과 석주가 아름다움을 더하는데, 이 다리(蘆溝橋)가 중국현대사 아니 세계현대사에 한 획을 긋는 중일전쟁의 발단이 됐다. 일본군이 의도적으로 이 곳에서 노구교사건을 일으켜 전쟁을 도발했다.

한국광복운동단체연합회 결성 (1937. 8.)

　일본에 대한 결사항전을 선언한 장제스는 김구를 비밀리에 불러 의견을 교환했고, 김구는 이때야말로 한국 독립운동 단체들이 단합해서 대일항전에 중국과 공동보조를 취해야 한다고 생각했다. 그에 따라 중국에 있는 세 단체(한국국민당, 조선혁명당, 한국독립당)가 먼저 합의하고, 이어 미주에 있는 여섯 단체(대한인독립단, 대한인동지회, 국민회, 애국부인회, 단합회, 애국단)가 가담함으로써, 민족진영의 연합회가 결성됐다.

1937년 11월, 중일전쟁이 강남으로 확대되자, 중국 정부는 난징을 떠나 쓰촨성 충칭(重慶)으로 천도했다. 그렇게 되자 임시정부의 요인과 가족들도 피난을 하지 않을 수 없게 됐다.

김구는 임시정부를 후난성 창사로 옮기기로 하고, 함께 있던 쭈 여인을 고향으로 돌려보냈다.

일본 비행기의 난징 폭격 (1937. 11.)

신순호

"난징서 떠날 때 난징 시내에 사람이 없다시피 했어요. 떠나야 하는데, 그때 배를 누가 구했는가 하면… 조상현 씨와 노태준 씨가 다니면서 마지막 배 한 척을 간신히 구했어요. 그래서 우리가 집을 나서려는데 노약자들이 많잖아요? 그때 마침 황포군관학교 8기생인 이근호씨가 왔어요. 우리가 어떻게 됐나 궁금해서 왔는데, 커다란 짐차를 가지고 온 거예요. 우린 떠나야 하는데 차편이 없고 노약자가 많아서 어떻게 할 수가 없다고 하자, 그분은 자기가 타고 온 차가 군용차라서 들키면 자긴 총살감이래요. 그러면서 우리들 몇 집 가족을 태웠어요. 이청천 장군 가족, 이광 선생님 가족, 우리집 어머니 아버지……."

【증언】 신순호 (1922년 출생, 광복군 총사령부 부원, 임시정부 재무부 차장 신환의 딸)

[삽화] 대가족을 수송하는 중국군 트럭

이근호

난징 옛 부두

[삽화] 임시정부 대가족을 실어 나를 목선

11월 하순, 어둠이 깔릴 무렵, 난징 수서문(水西門) 부두에는 피난길에 오른 한국인 백여 명이 모여들었다.

지복영

"강가엘 가니까 커다란 목선이 있는데, 그때 책임자께서 목선을 누구네 집 식구가 몇 명, 어른이 몇 명, 아이가 몇 명 해서 얼마만큼의 면적이 필요하다는 걸 일일이 알아가지고는, 누구는 어느 자리 누구는 어느 자리, 몇 호 몇 호 하는 식으로, 배 가운데는 통로로 남겨두고 양쪽으로 나눠서 전부 지정해 주시데요."

【증언】 지복영 (1919년 출생, 광복군 총사령부 부원, 광복군 총사령 이청천의 딸 *이청천의 본명 지대형)

그리고 밤이 이슥해져, 임시정부와 광복진선 3당의 성원과 가족들은 중국 정부가 알선해 준 목선 한 척에 의탁해서 장강을 거슬러 올라가기 시작했다.

중국 대륙을 남북으로 가로지르는 중국 최장의 대하천 장강(다른 이름 양자강), 요즘도 여객선을 타고 난징에서 지우쟝(九江)을 거쳐 우한(武漢)까지 가는 데는 하루하고도 반 날이 더 걸린다.

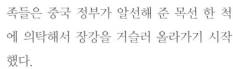
장강 (2000년 현재, 일명 양자강)

"목선이니까 인력으로 배를 저어 가는데, 바람 때문에 상류를 거슬러 올라갈 땐 배 젓는 힘이 많이 듭니다. 순풍을 만나면 돛을 달아 거슬러 갈 때도 잘 가는데, 역풍을 만나면 못 가는 거예요. 그러면 선부들이 언덕으로 내려가서 줄을 어깨에 메고 끌더군요. 그런 날은 얼마 못 가지요."

【증언】 지복영

[삽화] 배를 끄는 선부들

순풍을 만나면 하루에 3백 리도 갈 수 있지만, 역풍을 만나면 백 리 가기도 힘겨운 장강의 뱃길, 그것은 임시정부가 그때까지 중국에서 보낸 망명생활 열아홉 해 여정과 흡사했다.

우한 선착장

난징을 떠난 지 수일이 지나, 일행은 대륙 교통의 요지인 후베이성(湖北省) 우한(武漢)에 도착했다.

황학루

중국 3대 명루 가운데 하나인 황학루(黃鶴樓). 우한이 자랑하는 1급 문화재다. 대가족 일행이 강변 모래밭에 발을 디뎠을 때 맨 처음 눈에 띄었고, 지금도 그때처럼 동산 위에 우뚝 서 있다.

우한여관

　　대가족은 항공로(航空路)에 있는 우한여관(武漢飯店)에 숙소를 정했다. 여기서 며칠
묵는 동안 부지런한 남자들은 황학루나 동호(東湖)같은 이 곳 명소를 구경했지만, 대부
분의 부녀자는 불안감 때문에 여관에서 꼼짝 않고 지냈다.

호남철로를 달리는 기차

　　1937년 초겨울, 임시정부와 광복진선 3당의 대가족은 세 집단으로 나눠, 다음 목적지
창사를 향해 우한을 출발했다. 대부분은 새로 구한 윤선 몇 척을 나눠 타고 함께 떠났고,
청년당원들은 중요한 문서 상자와 대가족의 생활집기를 싣고 나중에 따로 떠났다. 그리
고 일부 가족은 기차로 떠났는데, 동정호를 비껴가는 한 겨울의 기차 여행도 결코 쉬운
일은 아니었다.

6. 창사 시절

창사 서원북리

후난성(湖南省)의 성도 창사(長沙), 기후가 온난하고 물가가 싸서 대가족이 머물기엔 안성맞춤의 도시였다.

임시정부 청사

서원북리(西園北里) 주택가 골목에는 2층 목조 연립주택 한 동이 서 있었다. 그 건물은 5호부터 8호까지 네 채의 이층집이 한 지붕을 이고서 나란히 붙어 있는 구조였는데, 임시정부 선발대는 그 가운데서 오른쪽 끝에 있는 8호 모서리 집을 빌렸다. 그리고 그 곳을 임시정부의 임시 청사로 삼았다.

대가족이 도착하면서, 더 필요한 사무실과 개인 살림집들은 주변에서 구했다. 그래서 광복진선 선전부는 다른 건물인 서원북리 13호에 들었고, 인근에 있는 다른 동네에다 거처를 마련한 가족도 있었다. 혼자 망명생활을 하고 있는 독신 어른들은 가정을 꾸리고 있는 지사 가족의 부인들이 섬겼고, 결혼 안 한 청년당원들은 한 집에서 합숙을 했다.

"우리는 서원북리에 있었고, 어떤 분은 북2마로에 있었고, 모두 다 흩어져 살았어요. 청사 사무실은 서원북리 8호, 골목 끝 모서리에 있는 집이었는데, 거기서 국무회의를 많이 하셨고, 선전부는 13호에 있었어요."
【증언】 신순호

임시정부와 대가족이 난징을 탈출한 지 한 달이 못 돼, 국민당정부의 수도였던 난징은 적의 수중으로 넘어가, 그 뒤 잔인무도한 일본군대의 30만 명 중국인 대학살극이 전개됐다.

일본군 난징 점령 (1937. 12. 13.)

임시정부의 대가족이 거쳐간 우한에선, 이 무렵, 조선민족혁명당이 같은 좌익계의 두 단체(조선민족해방운동자동맹, 조선혁명자연맹)와 함께 1937년 12월 초순, 조선민족전선연맹(민족전선)을 결성했다. 민족계 3당이 광복진선을 조직한 것에 대응하기 위해서였다.

좌익계 인사들이 타고 간 작은 범선

그리고 이들과 가족들도 이내 네 척의 작은 범선을 나눠 타고 장강을 거슬러 올라 국민당정부가 천도한 충칭으로 향했다.

"우한에 가니까, 목선으로 우한을 탈출하려는 독립운동가 가족들을 만났습니다. 무장하고 그 가족들을 호송해 이창(宜昌)까지 가서 다시 배를 구해 3월 중순에 장강과 가릉강이 합치는 충칭 조천문(朝天門) 백사장에 배를 대고 거기서 내렸습니다. 그때 목선으로 충칭에 가신 분들은 윤기섭 선생, 김홍서 선생, 문일민 선생 그 밖에 민족혁명당 당원들하고 그 가족…, 이런 사람들이 함께 충칭까지 올라갔지요."

【증언】 김유철

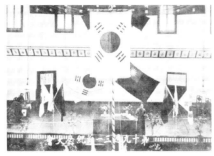

창사, 3·1절 기념식장

기념식을 마친 대가족

피난지 창사에서도 3 · 1절 기념식은 열렸다.

엄기선

"삼일절만 되면 우리는 큰 회관을 빌려 기념식을 꼭 했어요. 식을 할 때 삼일절 노래도 부르고 애국가도 부르고. 어렸을 때 생각하니까, 어른들은 눈물을 펑펑 흘리며 삼일절 노래를 부르던 생각이 나요. (노래) 참 기쁘고나 삼월 하루, 독립의 빛이 비쳤구나. 금수강산이 새로웠고, 이천만 국민이 기뻐한다. 만세 만세 만세 마안세, 우리 민국 우리 동포 마안세. 만만세 만세 만세 마안세, 대한민국 독립 만만세라."

【증언】엄기선 (1928년 상하이 출생, 광복진선청년공작대에서 활동, 임시정부 요인 엄항섭의 딸)

남목청 9호

임시정부가 창사에 머무는 동안, 독립운동계 인사들은 다시 민족진영의 통합 문제를 본격적으로 논의하기 시작했다. 하루는 (1938. 5. 7.) 조선혁명당 본부가 있는 남목청(楠木廳) 9호 (현재 주소는 6호) 2층집에서 각 당을 대표하는 인사들이 모였다. 임시정부 수호파인 한국국민당의 김구와 조완구, 조선혁명당의 이청천과 현익철, 한국독립당의 홍진, 조소앙 그 밖에 유동열 등 몇 사람이 더 참석해서, 구체적인 토의를 한창 진행하고 있을 때, 괴한 하나가 갑자기 회의장으로 뛰어 들어와 권총을 난사했다. 아래층에서 대기하고 있던 청년당원들도 총소리를 들었다.

[삽화] 남목청 피격 순간

"그땐 정신없었어요. 모두 야단났지요. 아래층에 있던 젊은 분들이 올라와서 묵관(현익철) 선생을 부축해 병원까지 옮겼는데 이미 운명하셨고, 이청천 장군은 역시 군사훈련을 많이 받으신 분이라 재빨리 엎드렸는데 그 바람에 탄환이 손등을 스쳐 나갔지요. 김구 선생은 가슴을 맞으셨는데 다행히 가장자리에 맞고 멈추어서 뚫진 않고……. 그래 창사에서 제일 가는 상아병원에 입원하셨어요."
【증언】 민영수

범인 이운한은 며칠 후 중국 당국에 체포됐는데, 일본군의 창사 진공 때 탈옥 도주했다. 사건 배후나 범행 동기는 일제의 책동일 가능성이 컸지만 밝혀진 것은 없었다.

상아의원

급히 병원(湘雅醫院)으로 옮겨진 사람들 가운데 현익철은 이미 절명했고, 유동열은 경상 그리고 중상을 입은 김구는 거의 한 달 간을 입원해야 했다. 충칭에서 소식을 들은 장제스는 위로 전보를 보냈고, 퇴원 후엔 요양비를 보냈다. 후난성의 성주석 짱쯔쭝 장군도 김구가 입원하고 있는 상아의원을 직접 찾아와 위로하며, 치료비 전액을 부담했다.

악록사

두 차례의 투옥과 험난한 망명생활로 일관된, 독립운동가 현익철의 48년 생애는, 동료 지사와 가족들의 오열 속에 악록산 서쪽 산허리에 묻혔다.

악록산(岳麓山)은 창사 시 서쪽에 있는 명산인데, 산 전체가 여러 사적으로 덮여 있다. 특히 후난성에서 가장 오래된 사찰 녹산사(古麓山寺)는 한국의 고찰처럼 단아하고 편안하다. 오매불망 조국의 광복만을 소망했던 우리 독립운동가들 가운데 부처님의 은덕을 빌기 위해 다녀간 이도 있었으련만, 그런 자취를 지금은 찾을 길이 없다.

"조소앙 선생님 따님 조계림은 내 동갑내기 단짝 친구였는데, 같이 악록산에 갔어요. 조경한 선생님도 가시고 어른들도 많이 가셨지요. 갔는데 산에 영산홍 꽃이 굉장해요. 온 산이 불난 듯이 빨갛더군요. 어른들이 그래요, 우리 고향 진달래도 이만큼이나 아름답다고. 그러시면서 눈물을 지으셨어요. 그래 산을 보면서 모두 점심 요기를 했고 노래를 불렀어요. 만주 9·18사변을 노래한 것이었는데, 그 노래를 우리가 부르기 시작하자, 주변에 있던 중국사람들이 다같이 따라 부르더군요. 순식간에 온 산에 그 노래가 울려 퍼졌어요."

【증언】 지복영

일본군, 쉬쩌우(徐州) 점령 (1938. 5.)
쩡쩌우(鄭州) 점령 (1938. 6.)

장강을 따라 내륙으로 진군을 계속하던 일본군은 7월 초엔 후난성의 경계선을 넘보기 시작했다. 임시정부가 있는 창사와는 지척의 거리, 그래서 임시정부와 대가족은 한여름 폭염 속에 다시 피난길에 올랐다.

[삽화] 피난 열차에 공습하는 일본 비행기

양우조

"광쩌우를 향해 기차를 타고 가던 중에 갑작스런 일본기의 공습을 만났지요. 공습이 오자 기차가 멈추었고, 사람들은 기차에서 내려와 주변의 수풀 속에 숨어 적기가 사라지기를 기다렸어요. 대광주리에 누워 있던 제시(딸)에게는 혹시 수풀 속의 벌레라도 붙을까 봐 수건으로 덮어 줬고요. ⋯ 바구니 속 아기를 들고 있는 나, 바구니 속에서 답답한 숨을 쉬고 있을 아기, 그리고 어린 아들의 손을 잡고 엎드려 있는 다른 집 아주머니⋯. 모두들 숨죽이며 숨어 있다가 저만치 비행기가 사라지자 다시 기차에 올랐습니다. 그러자 기차는 다시 숨을 몰아 달리기 시작했지요."

【증언】 양우조 (1897년 출생, 미국 유학 중 대한인국민회 가입, 임시의정원 의원, 임시정부 재무부 차장)

7. 광쩌우 시절

광쩌우 역

그리고 사흘 뒤인 1938년 7월 하순, 임시정부 대가족은 중국 최남단의 도시이며 광뚱성(廣東省)의 성도인 광쩌우(廣州)에 도착했다. 임시정부는 동산구(東山區)에 있는 동산백원(東山柏園) 자리에 임시 판공처를 두었다.

동산공원

대가족은 현재의 동산공원(東山公園) 안에 있던 5층 건물인 아세아여관(亞細亞旅館)에 들었다. 야외수영장이 딸렸을 만큼 화려하고도 현대적인 건물을 숙소로 배정받은 것이다. 난시에 임시정부와 가족들이 이런 시설에 들 수 있었던 것은 큰 행운인데, 이는 후난성의 성주석 짱쯔쭝의 부탁을 받은 광뚱성 정부의 특별한 배려 덕분이었다.

아세아여관 옥상에서, 대가족의 소녀들

"그 당시 호텔이란 것이 참…! 그때 광쩌우가 서양 문명을 가장 먼저 받은 국제도시여서, 내 기억나는 것이, 처음으로 그런 시설의 호텔에 들어가 보니 화장실 문제가 가장 컸어요. 다 수세식으로 돼 있는데 그것을 사용할 줄 몰라서, 신발 신고 그 위에 올라타 갖고는… 허허허……."
【증언】민영수

중산대학   중조인민혈의정

이 도시에는 중국의 국부 쑨원이 설립한 중산대학(中山大學)이 있다. 여기서 임시정부 광쩌우 주재 대표단장으로 있던 김붕준의 노력으로 한국인 학생 수십 명이 수학했다.

"그때 우리 학생 수가 몇십 명 됐어요. 다들 학비를 면제받았지요. 그래서 많은 학생이 다닐 수가 있었어요. 다니면서 항일운동도 하고 흥사단운동도 하고…, 졸업생도 많이 나왔어요."
【증언】 김정숙

1927년 중국공산당은 해방구를 확보하기 위해 광쩌우에서 무장봉기를 일으켰는데, 그때 중산대학에 다니던 일부 한인 학생을 포함해서, 사회주의자 한인 청년 150명이 가담했다. 공산혁명이 조국 해방에 지름길이 될까 해서 남의 나라에서 피를 흘렸을 이들이지만, 중국 국민은 그들의 동참을 고마워해서 광쩌우봉기열사능원 안에 기념비를 세웠다.

조선의용대 조직 (1938. 10. 10.)

김원봉

1938년 가을, 우한에 있는 대공중학교(武昌大公中學)에선 백여 명의 한인청년이 모여, 항일 무장 조직인 조선의용대(총대장 김원봉)를 결성했다. 중국군사위원회의 승인과 지원을 받은 조선의용대는 가슴에 단 새 휘장에 익숙해지기도 전에 중국 군대와 함께 우한방위전에 참가했다.

김승곤

조선의용대 선전 활동

"그러나 며칠 못 가 중국군의 최후 방어선은 일제의 엄청난 화력 앞에 속절없이 무너졌어요. 그래서 우리 조선의용대 대원들은 우한이 함락되기 직전에 사방으로 흩어져야만 했고…. 하지만, 이때 치른 전투는, 중일전쟁 때 조선인들로 구성된 항일 무장 부대가 처음으로 일본 군대와 맞서 싸운 기록을 남겼지요. 김원봉 총대장은 민족전선과 조선의용대 대본부를 이끌고 꾸이린(桂林)까지 철수했고, 그 해 12월부터 1941년 3월까지 조선의용대 본부를 그곳에 두었습니다. 그리고 국민당 군대를 쫓아서 다른 전투 지역으로 이동한 남은 두 개 지대는 그 뒤 중국 각 방면에서 유격 선전 활동을 계속 벌였지요."

【증언】김승곤 (1915년 출생, 조선의용대 대원, 광복군 제1지대 부관주임)

"최전방에 나갈 땐, 사단이나 연대와 연락이 안 될 경우가 있어요. 그러면 중국말로 '뽀장'이라고 하는, 우리나라로 말하면 동장이나 이장의 직책을 가진 사람들인데, 그들을 찾아가면, 우리 인원 수에 알맞게 거처할 집도 마련해 주고, 부식도 마련해 주고 해서…, 그 사람들의 지원을 받아 최전방에서 활동을 할 수가 있었습니다."

【증언】한재갑 (1921년 출생, 조선의용대 대원, 광복군 제1지대 대원)

한재갑

일본군, 광뚱성 상륙 (1938.10.)

1938년 9월에 들어서며 광쩌우도 안전지대가 되지 못했다. 일본기의 폭격이 시작된 것이다. 김구는 임시정부와 가족들을 인근 푸산(佛山)으로 옮긴 뒤, 임시정부를 충칭으로 옮기기 위해 먼저 충칭으로 떠났다. 그리고 10월, 광뚱성에 상륙한 일본군은 마침내 푸산까지 진격해 들어왔다.

푸산 역

"피난 보따리를 다 쌌는데도 아버지(엄항섭)가 오시지 않는 거예요. 아버지가 장쩨스 정부에 가서 교섭을 해 기차 한 칸을 얻어야 하는데, 대포 소리는 자꾸만 나지, 나중에 들으니까 같이 갔던 중국사람과 함께 차가 없어 푸산까지 걸어서 오시느라 늦었대요. 교섭을 해서 기차는 얻었는데 말이죠. 대포 소리는 점점 다가오는데 오시질 않으니, 우린 '큰일났구나! 여기서 이제 왜놈들한테 잡혔구나!' 하고 발을 동동 구르는데, 새벽에 아버지가 오신 거예요. 그래서 다들 서둘러 정거장으로 나갔지요. 그랬더니 중국인 피난민들로 역 마당이 와글와글했어요. 그런데 기차 한 칸에 중국인 헌병들이 양쪽에 지켜서서는 한국사람만 올라가게 하는 거예요. 우린 그 안에 포개 포개 앉았지요. 떠나고 얼마 안 돼 푸산이 함락됐다는 소식을 들었어요." 【증언】엄기선

[삽화] 대가족이 타고 갈 피난 열차

푸산에서 기차를 탄 대가족은 싼수이(三水)에서 다시 목선으로 갈아탔다. 광시성(廣西省)의 류쩌우(柳州)까지 가기 위해선 배밖에는 다른 교통편이 없었기 때문이었다. 얼마 전까지도 광쩌우에서 이 곳을 가려면 수로를 이용할 수밖에 없을 만큼 교통이 험난한 지역이다.

주강

[삽화] 견인되어 가는 목선

커다란 목선은 백여 명의 대가족을 싣고 북서쪽으로 주강(珠江)을 거슬러 올라갔다. 중간 기착지 우쩌우(梧州)에선 동력선의 견인을 받아야 했다. 물살이 세어 범선으로는 더는 운항이 어렵기 때문이었다.

이렇게 두 번씩이나 물에 뜬 망명정부는 윤선이 앞에서 끌어 줘야 한 치라도 앞으로 나아갈 수 있는, 딱한 처지가 됐다.

근래의 여객선 선실 (1994년)

"목선을 타고 가는데 제일 신기한 건… 스롱(石龍)이란 데가 있어요. 거기까지 가니까 한쪽은 흙탕물이고 다른 한쪽은 물속이 다 들여다뵈는 맑은 물이에요. 그런데 뱃사람들이 그 맑은 물을 함부로 먹지 말라고 해요. 끓여서 먹어야지 독이 있다나요. 광서 지방은 향나무가 많고 안개가 많은 곳이 돼서 그 물이 독하대요."

【증언】신순호

그런데 선금을 받은 윤선이 절반쯤 운항한 뒤 목선을 떼어 놓고 저 혼자 달아나 버렸다. 그래서 대가족은 강물 위에서 한동안 발이 묶인 적도 있었다.

"목선도 커. 집만 해. 한 가정 한 가정 다 있어도 밥은 같이 해요. '제1반 밥 가져 가쇼!' 하면 그 조에서 통 들고 가서 밥 받아 오고, 밥 시간이 제일 좋거든요. '제2반 밥 가져 가요!' 다 이렇게 조를 나눈 뒤 한 군데서 밥을 해요. 그런데 한 식구에 한 주걱씩밖에 안 줘. 많이 주면 모자라니까. 찌개도 한 그릇씩 노놔서 제 가족끼리 모여 밥을 먹고 그랬지."

【증언】엄기선

8. 류쩌우 시절

류쩌우

싼수이를 떠난 지 한 달하고도 열흘 만에 대가족은 광서장족자치구의 중심 도시 류쩌우에 도착했다. 그리고 이들은 선발대가 미리 도착해서 구해 놓은 여러 채의 집에 분산해서 여섯 달을 머물렀다.

광복진선 청년공작대원들

창사를 떠난 지 3개월 만에 일시 안정을 찾게 된 젊은이들은 비로소 할 일을 찾았다. 한국 광복진선 청년공작대를 조직한 것이다. (1938. 12.)

이윤장

"이웃집에 중국의 선전공작대가 있어요. 매일 노래도 부르고 연극도 하는데 신기해서 들여다봤더니, 이 사람들이 낮에는 부상한 중국 군인들을 병원에 가서 위로도 하고 노래도 불러 주고 하는데, 이내 그들과 친해졌어요. 그래서 그쪽 장교들과 합의가 돼 우리 한국사람들도 이렇게 선전공작을 했으면 좋겠다 해서, 그 뒤로 그들 소개를 받아 한국 청년들과 접선이 돼, 나중에 그 사람들과 같이 선전공작을 하게 됐습니다."

【증언】 이윤장 (1922년 베이징 출생, 중국 중앙육군군관학교 수료, 광복군 제2지대 대원, 임시정부 요인 이광의 아들)

위문 공연

"유주에선 저도 광복진선청년공작대 대원이 됐는데, 저는 오희옥과 둘이서…, 우린 형제가 여럿이어서 객지로 쫓아다녔지요. 그래서 항일적인, 반일적인 연극을 준비해서 극장을 하나 빌려 가지고 홍보를 했어요. 또 청년 중에 어떤 분은 조각을 잘 해요. 조각으로 한국사람과 중국사람을 만들어선 역시 조각 사람인 왜놈을 때리도록 하는 거예요. 수레가 굴러가면서 그 왜놈을 계속 치는 거지요."
【증언】엄기선

도락공원 암동

류후공원 *류쩌우 출발 (1939. 4.)

류쩌우는 중국 제일의 명승지 꾸이린(桂林)에서 불과 2백 리 거리에 있다. 그래선지 이 도시 역시 산수화 같은 절경 속에 도락암공원(都樂岩公園)이 있는데, 그 안엔 원시시대를 재현한 듯한 종유석 동굴이 숨어 있다. 당시 무료한 시간을 달래기 위해 대가족 가운데 부지런한 이들은 한 번쯤 다녀갔음직한 곳이다.

이듬해인 1939년 4월, 임시정부와 대가족은 중국 정부가 제공한 여섯 대의 버스에 나눠 타고, 충칭의 관문인 치쟝을 향해 류쩌우를 떠났다.

김자동

"류쩌우에서 치쟝까지 아마 지금 생각해 보면 천 킬로가 못 될 겁니다. 당시에는 굉장히 먼 길이고 버스도 원체 느리게 가서 중간 경유지인 꾸이양까지 가는데 4, 5일 족히 걸렸을 것이고, 꾸이양에서 한참 동안 있다가 다시 치쟝까지 가는데 3, 4일은 걸렸을 거예요."
【증언】김자동 (1928년 상하이 출생, 임시정부 외교위원 김의한의 아들)

꾸이양

홍복사

오강

꾸이쩌우성(貴州省)의 성도 꾸이양(貴陽), 요즘 같으면 하루에 갈 수 있는 거리를 이들을 태운 여섯 대의 버스가 모두 도착하는 데는 4, 5일이 걸렸다. 중국 정부가 특별히 배려한 버스였지만 고장이 잦았기 때문이었다.

검령산(黔靈山) 산정에 있는 홍복사(弘福寺)는 17세기에 창건된 유서 깊은 사찰로, 이 도시의 자랑거리고 대표적인 관광명소다.

버스가 늦게 도착하는 바람에 여비가 떨어진 대가족은 충칭에서 돈이 올 때를 기다리느라고 예정에 없이 사흘을 더 꾸이양에서 머물렀다. 충칭에 먼저 가 있던 김구는 중국 정부와 수시로 접촉해 대가족이 피난하는 데 필요한 차량과 비용을 조달해 왔다.

대가족을 실은 여섯 대의 버스는 최종 목적지인 쓰촨성 치장현을 향해 꾸이양을 출발했다. 7년 전 상하이를 탈출한 이래, 항쩌우, 쩐쟝, 창사, 광쩌우, 류쩌우를 거치는 동안, 장장 2만리 길 대륙을 헤집고 다닌 망명정부의 피난살이가 과연 새 거주지에선 끝이 날 것인지, 건널 수 없는 강물처럼 이들의 마음은 불안했다.

"새벽같이 출발해서 강가에 닿는데도 앞에 차들이 쫙 밀렸더라고요. 물살이 어쩌나 센지 막바로 건너가지 못하고 굵은 쇠줄을 이쪽 언덕과 저쪽 언덕 사이에 매어 놨어요. 그걸 보신 조경한 선생이, '아, 옛날 초패왕이 이 강을 못 건너 '무면도강(無面渡江)'이라고 했다더니, 과연 이렇게 물살이 세서 못 건넌 것이로구나!' 하시더라고요."
【증언】 지복영

오강(烏江)을 건너면 중국공산당의 성지로 알려진 쭌이(遵義)를 통과한다.

오강대교 (2000년대)

홍군전투기념탑

쭌이회의장

중국공산당의 홍군이 장제스의 국민군에 밀려 서북지방으로 이동하던 중, 1935년 1월, 쭌이에서 중국공산당 정치국 확대회의가 열렸다. 이 회의를 계기로 마오쩌뚱(毛澤東)은 당의 지도권을 장악하고, 홍군의 대장정을 승리로 이끌었다.

　"특히 꾸이양에서 치쟝까지 가는 중간에는 몹시 험준한 산길이 있었어요. 자동차가 뱀처럼 꾸불꾸불한 이 산길을 내려가는데, 커브가 심할 적에는 한 번에 돌지 못해 조수가 나뭇가지를 갖고 있다가 내려가서 얼른 바퀴에 나뭇가지를 찔러 넣었지요. 그런 데가 여러 군데 있었던 것 같고, 어떤 데는 사고가 나서 사람이 죽었다는 비석이 서 있었고…, 아무튼 상당히 험준한 산길이었는데, 2차 세계대전 때는 중국과 버마를 잇는 대동맥이었지요."
　【증언】 김자동

72굽이 산길

"우리는 1호 차였는데, 1호 차에는 여러 선생님이 같이 타셨어요. 조소앙 선생 아버지와 어머니도 그 차에 타셨는데, 연세가 많으시니까 시장하시다고, 한참 고개를 넘는데, 할아버지가 배고프다며 막 내리겠다고, 야단을 하신 일도 있어요."
【증언】 신순호

묘족 마을

꾸이쩌우성에는 예나 지금이나 소수민족이 많이 산다.

"묘족… 묘족들이…, 거기는 미개지예요, 앉아서 덩어리 소금을 깨뜨리고 있더라고요. 아주 가난하게 살지. 거길 지나가면서 생각해 보니, 우리는 선택 받은 민족이구나. 구석구석 저런 사람들도 있는데 중국 정부에서, 독립운동 한다고 같은 동지라고, 특별히 배려해서 버스를 많이 내주고 우리 한국 가족들을 피난시키는 것을 볼 때…, 참, 고맙다는 생각을 했어요."
【증언】 엄기선

9. 치쟝 시절

치 쟝

높고 험한 고개를 여러 개 넘어 마침내 천리 산길 노정도 끝나고, 임시정부와 대가족은 쓰촨성(四川省) 끝에 있는 치쟝현(綦江縣)에 도착했다.

타만 임시정부 청사 터

쟈싱 시절의 임시정부 요인들

시내 복판을 가로지르는 기강 줄기를 따라, 성남로(城南路)를 차로 달리다 보면, 타만대교(沱灣大橋) 못 미처 강가에 작으마한 7층 아파트가 두어 채 서 있다. 바로 이 자리에 임시정부 독신 지사들이 머물면서 청사로 쓰던 2층 목조 주택(전체 구조는 3층)이 있었다. 입주 당시 주소는 타만이었는데, 곧 임강가로 바뀌었고 근래에 다시 타만으로 바뀌었다.

당시 주소는 임강가(臨江街) 43호, 현재 주소는 고남진 타만 (重慶市 綦江縣 古南鎮 沱灣) 8호이다.

"기강에 도착해선 강을 중심으로 이쪽과 저쪽으로 나뉘 있었는데, 조소앙 선생 댁은 강 저쪽에 있었고, 임시정부 어른들께선 길 아래 강가 가까운 데 집 한 채 얻어서 거기 계셨고, 일반 교포들은 태자상에 사셨어요."

【증언】지복영

상승가 107호 대문

다른 임시정부 요인의 가족들과 조선혁명당 청년 당원들은 뒤쪽으로 언덕 진 동네, 상승가(上升街) 107호에 들었다. 이 곳 또한 입주 때는 지명이 태자상(台子上)이었는데, 머무는 동안에 상승가로 바뀌었다. 미음자 2층 목조 건물은 근래까지 원형 그대로 남아 있었는데, 안타깝게도 2006년 연말에 도시재개발사업으로 철거됐다.

재개발 중인 상승가 (2007. 1.)

옛 상승가 마을

"태자상 마을에 집 한 채를 얻어 가지고 대나무로 만든 침대를 미리 오신 분들이 다 준비했어요. 집집이 모두 제 가족끼리 있게끔 다 돼 있었고, 식구가 많은 집은 조금 넓게 갖고 식구가 적은 집은 적게 갖고, 침대는 다 식구들 수대로⋯, 중국은 대나무가 흔해서 대로 엮은 침대를 썼어요."

【증언】신순호

"우리 어린 학생들이 한글을 안 배워 한글을 모르잖아요. 저희는 상하이 살 때 인성학교에 다니면서 한국에 대한 모든 것을 요즘의 초등학교에서처럼 다 배웠기 때문에⋯. 여기 애들은 그런 걸 모르는 게 안타까웠고 또 가르쳐야 하겠다는 것이 우리 사회의 인식이었고, 임시정부에서도 그것이 필요하다고 느꼈어요. 그래서 저는 과거에 인성학교에서 배운 것을 생각해서⋯, 사실 그 당시에 따지자면 한글 실력은 한국에 있는 사람들보다 저희가 월등히 나았을 것 아니에요? 그래서 한글을 가르쳤지요."

　【증언】김정숙

좌우합작성명서 (1939. 5.)

　　한편 중국 정부는 광복진선과 민족전선으로 분열돼 있는 한국의 독립운동계에 양 진영의 통일을 종용했다. 그래서 나온 것이 좌우합작 성명서, 김구와 김원봉이 공동 서명했다.

　　그리고 3개월 뒤, 치장현에 있는 영산여관(瀛山賓館)에선 양 진영의 일곱 단체가 모여 7당회의를 열었다. 그런데 연맹 형식을 지지하는 민족전선계의 두 당이 회의에 불참했다. 김구는 나머지 다섯 당만이라도 통일을 성사시키려 했지만, 여의치 않아 결국 좌우 7당 통일 노력은 실패로 끝났다.

나월한

장철

　　1939년 11월 충칭에선 임시정부의 승인 아래 한국청년전지공작대(지대장 나월한)가 창설됐다.

　　"전지공작대에 들어가서, 처음에는 혁명사와 우리 한국 역사를 간부들한테 배웠습니다. 강의를 듣고 또 기초훈련을 하고 군사훈련도 하고 내무반 생활까지…, 군대 생활을 그대로 답습한 거죠. 하나의 혁명집단이라고 하지만, 결국은 그 위계질서를 확립하기 위해 군대와 똑같은 편제를 해서 생활했습니다."

　【증언】장철 (1922년 출생, 한국청년전지공작대 대원, 광복군 제2지대 대원)

이동녕 장례식 (1940. 3.)

이 즈음 치장에 거주하고 있던 대가족에게 슬픈 소식이 전해졌다. 충칭에 머물고 있던 김구 어머니 곽씨가 운명했다는 것이다. 노구에 피난을 거듭한 것이 원인이었다. 그리고 또 한 해를 넘기자, 이번엔 이동녕이 71세를 일기로 치장에서 별세했다. 임시정부의 맏형이며 김구에겐 가장 든든한 후원자였던 그는, 조국 광복을 보지 못한 채 이역의 공동묘지(和尙山)에 뼈를 묻었다.

한국독립당 간행물

이동녕은 임시정부 산하의 정당들만이라도 통합할 것을 유언으로 당부했다. 마침내 두 달 뒤인 1940년 5월 9일 광복진선의 세 당인, 한국국민당, 조선혁명당, 한국독립당은 한국독립당의 이름으로 통합한 뒤, 김구를 중앙집행위원장으로 뽑았다. 이름 그대로 한국 임시정부를 대표하게 된 김구는 중국 국민당정부의 실력자들을 만나, 광복군을 신설하는 문제를 논의하고 장제스에게 지원을 요청했다.

한국인들도 일본말만 하라는 포스터

한편 국내에선 수많은 한국인이 일본 내 탄광이나 공사장으로 끌려가기 시작했고, 학교나 관공서에서 한국말을 하지 말고, 성과 이름을 일본식으로 바꾸라는 등, 일제의 민족말살 정책이 본격화됐다.

10. 충칭 시절

충칭

중국에서 인구와 계단이 가장 많은 도시로 알려진 충칭(重慶)은 중일전쟁이 발발한 이래 난징을 탈출한 중국 국민당정부가 머문 전시 수도였다.

광복군 총사령 이청천

한국광복군 총사령부 성립 전례식 (1940. 9. 17.)

1940년 9월 충칭에 청사를 새로 마련한 한국의 임시정부는 그 달 17일에 가릉강 가에 있는 가릉빈관(嘉陵賓館)에서 숙원사업이었던 한국광복군을 창설했다.

이 날 식장에선 광복군 창설위원회 김구 위원장이 개회사를 했고, 중국측 인사들이 참석해서 축사를 했다.

김구 앞에서 선서하는 김정숙 대원

"나는 그때 광복군 여군 대표로서 선서식에 참여했는데, 백범 김구 선생님이 총사령부 원수 자격으로 단상에서 제가 선서하는 것을 지켜보셨지요."

【증언】 김정숙

광복군 성립식을 마치고 (기념촬영)   지복영 대원

그리고 그때로부터 두 달 뒤, 광복군 총사령부는 전방 지역인 시안으로 옮겨 갔다.

"충칭은 전쟁 구역으로 봐서 훨씬 후방이거든요. 후방에 군대가 앉아 있으면 제대로 활동을 하지 못하고, 더군다나 인원이 참 부족했거든요. 그래서 모든 면에서 좀더 활발히 움직이기 위해 일선 가까운 데로 나가야 한다고, 사령부를 서안으로 옮겼어요. 저도 따라서 이동했고. 그때 후방에는 총사령하고 참모장 두 분이 남아 계셨지요. 중국 정부와 여러 가지를 직접 교섭해야 하니까요."

【증언】지복영

시안 (종루)   광복군 제5지대 편성 기념 촬영 (1941. 1.)

3천 년 역사의 도시며, 진시황제와 양귀비 유적으로 더욱 유명한 산시성(陝西省)의 성도 시안(西安)에 한국광복군 총사령부가 전방공작과 초모활동을 위해 자리를 잡았다. 그리고 이듬해 1월 총사령부는 한국청년전지공작대 대원 2백여 명을 받아들여 광복군 제5지대를 편성했는데, 사실상 이들이야말로 초기 광복군의 주력 부대라고 할 수 있다.

원측의 사리탑   김가기 마애석각

시안은 이 시절보다 훨씬 오래 전부터 우리 겨레와는 특별한 인연을 갖고 있다. 시내에서 50리 떨어진 흥교사(興敎寺)에는, 당나라 때 인도로 불경을 얻으러 갔던 현장법사의 유골과 함께 그의 제자인, 신라 때 고승 원측의 사리탑이 나란히 모셔져 있고,

흥교사에서 다시 남쪽으로 30리 떨어진 종남산(終南山)에는 지상사(至相寺)란 고찰이 있는데, 이 곳에서도 신라 때 고승인 의상대사가 8년 간 머물면서 화엄종을 연구했다.

그 밖에도 신라 때 학자 김가기가 당나라 때 시안에서 공부를 했는데, 학식과 문장으로 이름을 크게 떨쳤을 뿐만 아니라, 나중엔 선도를 닦아 신선으로 추앙됐다. 종남산 자오곡(子午谷)엔 그의 행적을 기록한 마애석각이 아직껏 남아 있다.

불 타는 충칭

이 무렵 충칭의 하늘은 두려움의 대상이었다. 육상 접근이 어려운 지리적 여건 때문에, 일본은 오직 공습으로써만 이 도시를 괴롭힐 수가 있었다.

"비행기가 폭격하러 올 때 오십 대 백 대 이렇게 교대로 옵니다. 그럼 저희들은…, 그때는 사람 한 명도 기관총으로 쏴 죽입니다. 그러니까 방공호로 들어가야 하고…, 불만 조금 켠 데가 있어도 폭탄을 마구 떨어뜨리니까요. 그래서 방공호에 들어가면, 비행기가 교대로 오기 때문에 촛불을 방공호에 켜 놓으면 촛불이 꺼질 정도입니다. 식사는 만두 같은 걸 싸 가지고 가서 그것을 먹고…. 그런데 만두는 불을 때서 쪄야 하니까 보통은 생쌀도 집어 먹었습니다. 참 고생 많이 했습니다." 【증언】 최윤신

방공호

충칭에는 아직도 그때 뚫었던 방공호가 곳곳에 남아 있다. 이들 방공호에서 수많은 사람이 목숨을 건지기도 했고, 때로는 대피자가 너무 많아 상당수의 노약자가 질식해 죽어 나가기도 했다. 전쟁이 끝난 뒤로는 물품 저장 창고나 소규모 공장으로 활용되고 있다.

화평로 2항 청사

임시정부 초기 청사 두 곳 —양류가(楊柳街) 청사와 석판가(石坂街) 청사—도 일본 비행기의 공습으로 불에 탔다. 그래서 임시정부가 충칭에서 세 번째로 마련한 청사가 현재 화평로(和平路, 옛 지명 吳師爺巷)에 있는 주택이다. 금방 주저앉아 버릴 것만 같은 낡고 허름한 이 곳에선 주로 가족이 없는 요인들이 기거했다.

1940년 10월, 임시정부는 이 곳에서 네 번째 개헌을 한다. 비상시국에 맞게 집단지도체제를 주석중심체제로 바꾼 것인데, 이로써 김구 주석의 영도력은 제도적으로 뒷받침됐다.

조완구 차리석 환갑 기념 촬영

토교

임시정부가 있던 곳에서 도시 복판을 흐르는 장강을 따라 배를 타고 30분쯤 올라가면, 한적한 시골 마을 토교(土橋)가 나온다. 임시정부가 치쟝에서 충칭으로 옮기게 되자, 중국 정부는 이 곳에다 망명 가족들이 옮겨와 살 수 있도록 새 거처를 마련해 줬다.

화탄계 언덕 위 옛 집들

"신한촌이라고 이름을 지어 놓고 장졔스 정부가 거기다 집을 세 채 지어 줬어요. 방 하나 부엌 하나, 방 하나 부엌 하나, 지어 줬는데…, 한 채엔 식구 많은 사람이 이쪽 큰 방 하나에 부엌 하나…, 그렇게 두 세대가 살았고, 뒤쪽에는 세 세대가 살았어요."
【증언】 엄기선

3·1유아원 개학 기념

토교엔 대가족 식구들이 잊지 못하는 곳이 있다. 마을 앞을 흐르는 개천과 작은 폭포가 그것인데, 여인들에겐 고단한 삶을 씻어 내는 빨래터였고, 아이들에겐 신나는 놀이터였다. 하지만 남의 나라 도움으로 지탱하는 피난살이는 결코 낭만적인 전원생활이 아니었다.

"나는 그때 중앙정치학교에 다녔는데, 토요일에 집에 오고 평시엔 전부 학교 기숙사에서 지냈어요. 그런데 학교 음식이란 게 듣도 보도 못한 것… 밥에다 그냥 풀, 풀 있죠? 배추 같은 거, 기름에 볶은 것 말이죠. 형편없죠. 영양가란 건 없고… 그저 찬으로 때우는 거죠. 그러다 집에 가서 좀 좋은 거 먹게 되나 해도 마찬가지였어요. 집에 가면 그저 고추장, 다른 거라면 마늘 조금 무친 것, 그 정도였어요. 그때 생활이 그렇고…. 가끔 가다 누가 뭐 어떻게 해서 돈 좀 생겼다 하면 고깃근이나 사다가 같이 나눠 먹지. 그것이 토교에서 보낸 임시정부 가족들의 생활이었어요."

【증언】 민영수

토교에 있는 청화 중학교

좀더 어린 학생들은 중국 학교에 다니며 또 다른 아픔을 겪었다.

"중국에 있는 중학교 1학년에 다닐 땐데, 하루는 선생님께서 한 사람 한 사람 일어나서 개인 소개를 하라고 그러셨어요. 그래서 다들, '나는 중국 어느 성에서 왔다.', '쟝쑤성(강소성)에서 왔다.'고 하는데…, 중국엔 28개 성이 있거든요. 제 차례가 됐어요. 저는 일어났지만…, '나는 한국사람인데 어떻게 이야기해야 하나, 그때 나이가 좀 들었으면 좋았는데, 1학년 짜린데 어떻게 해야 하나.' 하고, 궁리 궁리하다가 말을 못했어요. 우리 아버지가 뭘 하시냐고 또 묻는데도 독립운동하신다는 설명을 못 하겠더라고. 그리고 다시 고향이 어디냐고 자꾸 재촉해서 물어 보는데, 그때 저는 아무런 대답도 못 하고서 마구 통곡만 하던 생각이 나요."

【증언】 엄기선

그러나 이들도 경쟁에선 중국 학생들에게 결코 지지 않았다.

"중학교 생활이 상당히 재미있었어요. 그리고 우리 열 명밖에 안 되는 학생들이, 예를 들면 교내 체육대회를 할 적이면 1, 2, 3등 같은 걸 석권한 적도 있고, 그래서 학교에서도 상당히 인정을 받았지요."

【증언】 김자동

장강 상류 쪽에 임시정부의 대가족이 살고 있는 동안, 하류 쪽에 있는 대불단(南岸大佛段)에는, 조선민족혁명당 인사들과 그 가족들이 살았다.

남안구 탄자석 대불단

김원봉과 아내 박차정

김정륙

상하이 시절 임시정부 국무위원을 지냈던 민족혁명당 당수 김규식과, 의열단과 조선의용대를 조직한 김원봉 등은 손가화원(孫家花園)에서 살았다.

"충칭 생활은 정말 어려웠어요. 제가 어릴 때 밥 한 끼 제대로 먹어 본… 배불리 먹어 본 기억이 없어요. 만일 손가화원이 아니고 다른 데였다면 굉장히 굶주린 생활을 했을 겁니다. 다행히도 손가화원이란 데가 복숭아, 포도, 무화과, 밀감, 배… 없는 게 없었어요. 그런 걸 많이 따 먹은 기억이 나고요. 그런 걸로 배를 채웠지요."

【증언】 김정륙 (1935년 난징 출생, 임시정부 요인 김상덕의 아들)

토교든 남안이든 독립운동 지사들과 그 가족들의 생활은 한결같이 어려웠다. 생계수단이 전혀 없는 데다가 당시는 중국사람들도 살아가기가 몹시 힘든 전시였다. 김구의 꾸준한 노력으로, 중국 국민당정부는 태평양전쟁이 터진 뒤, 임시정부 활동비와 요인과 가족의 생계비로 매달 6만원씩을 보조하기 시작했다.

한국광복군 대원증

1941년 11월 중국군사위원회는 한국광복군을 자신들이 통할지휘하겠다는 뜻을 통보해 왔고, 임시정부는 어쩔 수 없이 수락했다. 그러나 임시정부는 '대한민국 건국강령'을 제정(11. 28.) 발표하고, 구미외교위원회를 워싱턴에 설치하는 등, 흔들림 없이 망명정부의 위상을 높여 나갔다.

일본, 진주만 공습

1941년 12월 8일, 일본의 비행기들은 전혀 무방비 상태에 있던 하와이 진주만을 기습 공격했다. 항만 내에 정박 중인 미국 함선들을 비롯해서, 비행장과 해군 공창이 두 시간 동안에 완전히 파괴됐다. 한국 임시정부는 다음 날 일본에 대해 즉각 선전포고를 했다.

대일선전성명서 (1941. 12. 9.)

독일과 이탈리아가 일본을 뒤따라 미국에 선전포고하자, 이에 맞서 미국을 비롯한 영국, 프랑스, 중국, 소련 등 세계 40여 개 나라는 연합국을 형성했다. 이것이 1945년 8월 15일까지 벌어진 태평양전쟁이다.

일본군, 마닐라 점령 (1942.1.) / 싱가포르 함락 (2.) /인도네시아 함락 (3.) / 필리핀과 버마 대부분 함락 (5.)

그 동안 눈에 가시 같은 존재였던 미태평양 함대를 일거에 반신불수로 만든 일본은 이제 마음놓고 태평양의 남서부 일대를 파죽지세로 공략했다. 일본이 내세운 대동아 신질서 건설이 바야흐로 실현될 것 같은 형세였다.

"쿤밍(昆明)에서 독립운동하는 지사들을 만나 미 공군과 합작을 해 가지고는 서남전선 말하자면 월남과 버마 전선에 선전 비라를 제작해 살포했습니다. 일차로는 왜놈들이 죽어 나가는 만화에 버마말, 월남말, 일본말, 우리나라말 이렇게 네 나라 말로 전단을 백만 장쯤 만들어 서남전선에다 투하했습니다."
【증언】김유철

당시 미군이 배포한 심리전 전단

1942년 4월 임시정부는 광복군의 주력 부대로 성장하던 징모5분처를 중심으로, 시안(西安) 이부가(二府街)에서 새로이 광복군 제2지대를 편성한 뒤, 총사령부 참모장인 이범석을 지대장에 임명했다.

"뒷건물이 폭격을 맞자 거길 연병장으로 만들었어요. 거기서 훈련을 하고, 내무반은 가운데 막사를 고쳐 썼어요. 들어오는 입구에 대장 숙소와 간부들 숙소가 있었고, 우리는 안으로 들어와 내무반에 기거했지요."
【증언】장철

이범석

광복군 제1지대가 있던 곳 (남안구 탄자석 주보촌 예가원자)

제1지대 일반 사병들

충칭 남안의 탄자석(彈子石) 마을, 장강이 내려다보이는 이 언덕에 조선의용대 본부가 있었다. 1941년 봄, 많은 대원이 팔로군 작전지역으로 들어가는 바람에, 충칭에 남은 의용대원은 많지 않았다.

"진흙으로 벽돌을 만들어 이층집을 건축했습니다. 우리 지대원은 한 오륙십 명 됐을 겁니다. 아침에 일어나 식사하고, 시간에 따라서 지대장 훈시 듣고…. 그런데 큰 운동장이 없어 항상 곤란을 받았습니다.

당시만 해도 아직 민족혁명당은 임시정부하고 원만한 타협이 없었습니다. 중국 당국에선 김구 선생과 김원봉 선생의 목적이 같으니 합작하라고 하지만, 합작이 어디 쉽습니까? 합작은 서로 원하지만 쉽게 타협이 안 됐어요. 그러니까 정치적 타협을 못하면 군사적으로라도 먼저 해라. 그래 군사적으로 협의가 돼서, 1942년 5월 18일 조선의용대를 광복군 제1지대로 편입케 됐습니다."

【증언】 김승곤

충칭 추용로 37호 (한국광복군 총사령부 건물)

시안에 나가 있던 광복군 총사령부가 1942년 9월 다시 충칭으로 옮겨 왔다. 중국군사위원회로부터 자신들의 지휘권 안에 위치하라는 명령이 있었기 때문이다. 일본에 대해 선전 포고까지 한 임시정부로서도 광복군의 전열을 재정비 강화하는 데는 충칭 사령부가 낫다고 여겼다.

광복군의 군모표와 흉장

34차 의정원의원들 (1942. 10.)

그러나 광복군이 제 구실을 하려면 무엇보다도 먼저 한국의 국군으로서 자주권부터 회복할 필요가 있었다. 그래서 김구는 중국 정부에 그에 대한 시정을 요구했다.

한국독립운동계가 좌우합작을 통해 통일 의회를 구성한 것도 그 무렵의 일이다. 민족혁명당의 좌파 인사들이 임시의정원의 의원으로 뽑혔다.

미군, 과달카날 완전 장악으로
남태평양 전세 역전 (1942. 11.)

주변 정세도 시시각각 변하고 있었다. 태평양 전선을 휘젓던 일본이 개전 7개월 만에 처음으로 패배해, 기동함대의 주력을 상실했다. 이로써 태평양의 전략적 주도권은 다시 미국으로 넘어갔다. 연합군의 핵심인 미군의 승승장구 소식은 한국의 임시정부를 한껏 고무했다. 임시정부는 지체없이 국제사회에 한국의 임시정부를 승인해 줄 것을 요청했다. 중국측 인사들 가운데도 이에 동조하는 이가 나오면서, 마침내 장제스는 미국 루스벨트에게 한국 임시정부의 승인을 희망했다. 그러나 미국 정부는 외면했다.

중국 정부가 한국 임시정부에 주는 보조금의 액수가 다소 높아진 것도 이 즈음이었다.

카이로 선언 (1943. 11. 27.)

전쟁이 끝난 뒤의 일들을 논의하기 위해, 미ㆍ영ㆍ중 3국 영수가 만난 자리에서, 장제스는 한국의 독립을 국제적으로 보장하는 선언서에 서명했다.

한인 학병 입영 (1944. 1.)

그러나 국내 사정은 국제 정세완 전혀 딴판이었다. 전격적으로 학병제를 실시한 일제 군부는, 1944년 1월 20일, 수천 명의 한국 대학생들을 전선으로 끌고 갔다.

"그때 학도병으로 한 5천여 명이 끌려갔는데, 이름만 지원병이었지 거의가 강압 때문에 지원한 거예요. 일본에서 공부하던 동료 학생들 또한 마찬가지고요. 제 경우만 해도, 일본 헌병대에 끌려가서 지원을 강요당하고, 저희 집에서 운영하는 사업에 큰 영향을 줄 것으로 위협을 하고 해서, 어쩔 수 없이 일본 군대에 입영을 하게 됐지요."

【증언】 윤경빈 (1919년 출생, 일본군대 탈출 학병, 광복군총사령부 판공실 부관)

윤경빈

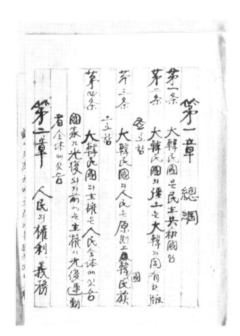

대한민국 임시헌장 5차 개정안 (1944. 4. 22.)

마침내 한국 독립운동계가 망명 세력 전체가 참여하는 임시정부를 구성하게 됐다. 제36회 의정원회의에선, 비상시국에 따라 연립정부의 형태를 갖추고, 주석의 권한을 더욱 확대하는 내용으로, 임시헌법을 개정했다. 이로써 한국의 임시정부는 오랜 숙원이었던, 명실상부한 통일정부를 이뤄, 대내외에 위상을 높이게 됐고, 일제의 패망으로 환국할 때까지 이 정부를 유지했다. 국무위원과 각 부 서장은 한국독립당을 비롯해, 조선민족혁명당, 조선민족해방동맹, 조선무정부주의자총연맹의 당원 가운데서 고루 뽑았다.

<연립정부의 각원 명단>

주석 김구, 부주석 김규식 / 국무위원 이시영, 조성환, 조완구, 차리석, 황학수, 박찬익, 조소앙, 김붕준, 김원봉, 장건상, 성주식, 유림, 김성숙, 조경한, 엄항섭, 최동오, 유동열, 신익희, 김상덕

(주석) 김구

(부주석) 김규식

이시영

조성환

조완구

차리석

황학수

박찬익

조소앙

김봉준   김원봉   장건상

성주식   유림   김성숙

조경한   엄항섭   최동오

유동열

신익희

김상덕

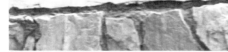
쉬쩌우 쯔가다 부대 병영

베이징에서 기차를 타고 남쪽으로 아홉 시간을 달리면 닿는 도시 쟝쑤성(江蘇省)의 쉬쩌우(徐州)에, 1944년 2월, 일본 육군 이등병의 군복을 입은 한국인 학병들이 도착해 일본군부대에 배속됐다. 그리고 한 달 뒤부터 이들 중 상당수가 제각기 부대를 탈출했다.

이 지역에서 맨 처음 탈출한 이는 김준엽이다.

김준엽

"학도병 나갈 때 어떤 사람들은 국내에 남고 또 일본에 남는 이들이 있었는데, 그것은 일본인들이 그렇게 배치했기 때문이죠. 대부분은 중국전선 아니면 동남아로 갔습니다. 나는 평양에서 입대해 중국에 가게 됐어요. 1944년 2월 13일 평양을 떠나서 2월 16일 중국 쉬쩌우에 도착했습니다. 그리고 대허가(大許家)라는 시골 마을로 갔는데, 그때 내 생각엔 '이 기회야말로 제일 좋은 찬스다.' 라는 생각을 했어요. 가기 전에 이미 탈출에 필요한 준비를 내 딴에는 매우 상세하게 했습니다."

【증언】 김준엽 (1920년 출생, 일본군대 탈출 학병, 광복군 제2지대 대원)

여자 정신대

그 동안 한국광복군의 발목을 잡고 있던 중국군의 통할지휘가 그 여름에 철폐됐다. 한편 국내에선 한국의 젊은 여성 십여만 명이 전선으로 끌려가 일본군의 현지 위안부로 희생됐다.

충칭 연화지 임시정부 청사

충칭 시 중심지에 있는 연화지(蓮花池) 38호 건물은 임시정부가 충칭에서 네 번째로 들었던 마지막 청사다. 1944년 9월, 중국 정부가 임시정부 보조금을 매달 백만 원으로 올려 지원할 때 마련했다. 임시정부는 광복을 맞아 환국할 때까지 1년 2개월 동안 이 곳에 머물렀다.

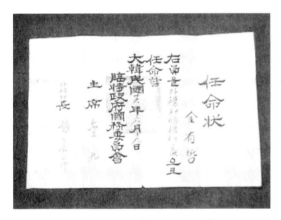

임시정부가 발행한 직원 임명장

"기억나는 것이…, 이승만 박사한테 전문을 보냈는데, 대한민국 임시정부 주미 대표 노릇을 하라는 것이었어요. 모스크바 삼상회의 때는 그 반탁에 대한 메모랜덤(외교 각서)을 작성해서 각처에 보냈고요. 충칭에서는 내가 직접 각 대사관을 찾아다니며 전달했습니다."

【증언】 김유철

린첸제1중학교

[삽화] 탈출 학병들의 입소

안후이성(安徽省)의 한 작은 도시 린첸(臨泉)에 있는 제1중학교. 당시 이 곳에는 중앙
육군군관학교 린첸분교가 있었는데, 일본군 부대를 탈출한 한인 학병들이 삼삼오오 찾
아든 곳이다. 푸양에서 광복군 초모처를 운영하고 있던 김학규는 이 곳에다 '한국광복군
간부훈련반'을 개설했다.

김영록

"우리가 일본에 대항해서 싸우기 위한 정신적 무장과 군사적 훈련을 받
은 그 첫 장소로서 의의가 있는 곳입니다. 그리고 이 곳에서 우리는 처음으
로 애국가를 불러 봤고, 처음으로 태극기를 우러러보면서, 우리 조국이 반드
시 해방돼야 한다는 것을 다짐했습니다."

【증언】 김영록 (1921년 출생, 일본군대 탈출 학병, 광복군 제1지대 대원)

"거기서 정치훈련도 받았고 군사훈련도 받았고…, 솔직한 얘기로 일제시
대에 대학을 다녔지만 민주주의를 전혀 몰랐거든. 민주주의를 처음 배운 곳
이 바로 그 곳이고, 거기서 김학규 장군한테서 그런 걸 배운 겁니다."

【증언】 윤경빈

탈출 학병 서른세 명을 포함해 마흔여덟 명
의 간부훈련반 대원은 짧게는 석 달 길게는
다섯 달을, 이 곳에서 처음으로 조국과 민족
에 대한 교육을 받고, 졸업 후 모두 광복군에
편입됐다.

린첸제1중학교를 방문한 한광반 출신
노광복군들 (1998. 10.)

"졸업할 즈음에 김학규 지대장께서 각자의 희망을 물었어요. 전방에서 같이 일할 사람은 전방에 지원하고, 또 충칭에 가면 임시정부에서 큰일을 할 수도 있고 국제적으로 알리기도 해야겠기에, 두 패로 나뉘었지요. 그래서 저를 비롯해 학병 출신 졸업생 여덟 명은 푸양(阜陽)으로 가서 광복군 제3지대원이 됐어요."

【증언】 김우전 (1922년 출생, 일본군대 탈출 학병, 광복군 제3지대 대원)

김우전

"임시정부에 가서 정부 어른들하고 의논해서 독립운동을 전개하는 것이 좀더 효과적이다. 우리가 왜놈을 몇 명 죽이는 것보다도 세계 만방에 조선민족은 독립을 원하고 있고, 일본놈이 무리하게 합병한 것이기 때문에 절대로 합병을 인정할 수 없다. 따라서 우리는 독립국가다. 독립국가를 만들어야 한다는 의지가 강하고 그만한 문화국민이라는 것을 알려야 하지 느냐. 그래야 전후 처리에서 독립을 쟁취할 수 있다. 이것이 충칭 임시정부를 찾아간 동기입니다. 험난한 거야 다 알고 있었지요. 그것도 사실 생사를 거는 일입니다. 그 노정이란 것이… 길이 있는 것이 아닙니다. 그저 방향만을 정하고 찾아가는 거지요."

【증언】 김유길 (1919년 출생, 일본군대 탈출 학병, 광복군 제2지대 대원)

김유길

충칭 행 장정 시작 기념 촬영

학병 출신 25명을 포함한 한광반 졸업생 36명과 민간인 등 모두 53명은 1944년 11월 21일 대한민국 임시정부가 있는 충칭으로 출발했다.

푸양 시내서 남쪽으로 18킬로 미터쯤 가면, 삼탑진(三塔鎭)이 나오고, 이내 한적한 시골 마을 짜오펑(趙朋, 일명 싼타지)이 눈에 들어온다. 김학규가 이끌던 광복군 징모6분처가 1943년 3월부터 자리잡았던 곳이다.

푸양 짜오펑 마을

"저는 린첸에서 한광반을 졸업하고 푸양 싼타지(三塔集, 일명 小棗庄)로 와서 이 곳에 들어오는 애국 청년들을 교육 훈련시켰고, 여기서 거의 광복군 생활을 했습니다. 그 뒤 상하이 방면으로 밀명을 받아서 공작을 나갔습니다."
【증언】 전리호 (1922년 출생, 일본군대 탈출 학병, 광복군 제3지대 대원)

전리호

"그 당시에 광복군에는 제3지대가 편제하고 있었습니다만, 3지대에는 사람이 없었기 때문에 각 지대에 초모위원회가 부설돼 있었습니다. 그때 백파 김학규 장군은 제3지대장 겸 초모위원회 주임으로서, 린첸에서 한광반을 맡아 교육을 하셨지요. 그리고 졸업생 여덟 명을 데리고 푸양 싼타지로 왔는데, 어쨌든 광복군 제3지대가 도약하는 발판은 그 싼타지 부락에서 시작됐습니다."
【증언】 김국주 (1924년 출생, 광복군 징모제6분처, 광복군 제3지대 대원)

김국주

김영진

"1944년 늦가을에 광복군 초모공작대원과 접선이 돼, 푸양에 있는 광복군 제6초모분처에 합류했습니다. 그리고 그 해 말쯤 적지구 내 거점 확보와 첩보 공작 그리고 초모공작을 위해서 한성수, 홍순명 동지와 함께 상하이로 밀파됐 어요. 조장은 일본군대를 탈출한 뒤 광복군이 된 한성수 대원이었고요. 그래 서 상하이로 가 2개월여 공작 끝에 한국인 10여 명을 포섭했습니다. 그리고 이들을 우리 본부로 데려가기 위해 잠시 대기하는 중에, 어느 한국인의 밀고 로 일본 특무기관원들의 기습을 받고 일곱 명이 체포됐습니다. 그래서 상하이 주둔 군법회의에 기소가 돼 비공개 재판을 받았는데, 한성수 조장은 사형, 홍순명 동지는 5년 그리고 저는 3년 이상 5년 이하의 징역을 선고받았습니다. 그리곤 우린 난징에 있는 육군형무소로 이감됐고, 한 달 뒤인 5월 13일 결국 한성수 대원은 참수형으로 순국했지요. 저를 포함한 나머지 6명은 국내로 들어와 영등포(?) 육군형무소를 거쳐 서대문형무소로 이감 됐고요. 그리고 해방이 돼 형무소를 찾아온 건준위원장 여운형 선생이 연설을 한 직후, 우린 모두 석방이 됐습니다."

【증언】 김영진 (1927년 출생, 광복군 제3지대원, 상하이에서 초모공작 중 체포돼 수감 생활)

한성수

[삽화] 충칭 시내를 행진하는 탈출 학병들

국내에선 여학생들이 군수공장에 동원되고, 초등학생들까지 솔뿌리 채취에 나서고 있을 무렵, 린첸을 떠난 한광반 출신 광복군과 민간인들은 70일 동안 장장 6천리를 걸어 서 1945년 1월 31일 마침내 임시정부가 있는 충칭 조천문(朝天門) 부두에 도착했다. 오직 독립운동의 총사령탑인 한국 임시정부를 찾아 원로 지사들에게 조국의 젊은 피를 수혈하고 큰 지도를 받겠다는 일념에서, 이들은 엄동설한에도 험준한 산령을 넘었던 것이다.

마침내 대한민국 임시정부 청사에 도착한 일본군 탈출 학병들의 감격은 매우 컸다.

[삽화] 학병들을 환영하는 김구와 지사들

임시정부 청사 정문

"정문에 '대한민국 임시정부'란 간판이 있고, 그 밑에 영어로 'Provisional Government of the Republic of Korea'라고 써 있고, 문 옆에는 보초가 한 명 서 있었어요. 거기로 들어가서, 우리 50명은 마당에 정렬을 하고 섰습니다. 잠시 후 우리를 인솔해 간 신송식 씨가 백범 주석 선생님의 환영의 말씀이 계실 거라고 소개하자, 백범 선생님이 나오셔서 말문을 여셨는데, 몇 마디 못 하시고는 눈물을 흘리고 우셨어요. 그때 말씀하신 요지가, 이렇게 많은 지식 분자가 우리 독립군 진영을 찾아온 것은 자기 생애에 처음이다. 이런 감격이 있을 수 있느냐……."

【증언】 윤경빈

이어, 이청천은 한국광복군 총사령관으로서 이들을 정식 사열했다.

석근영

"그 다음엔 이청천 장군님이 나오셔서 우리를 맞아 한 명 한 명 악수를 하면서, 자신은 청도 사변에 참가했다가 탈출하려다 못하고 몇 년 뒤 중위 때 만주에서 탈출해 신흥군관학교에 와서 비로소 교관을 하면서 독립운동에 처음으로 참가하게 됐다는 얘기를 하시면서, '여러분, 참 씩씩하오. 난 한 번에 탈출을 못 했는데 여러분은 전선에 나오자마자 한 번에 탈출을 해서, 독립운동은 이렇게 하는 거요.' 했으니, 대단하다면서 우리를 격려해 주셨습니다."

【증언】 석근영 (1921년 출생, 일본군대 탈출 학병, 한광반 출신 광복군 제2지대 대원)

"그립고 그립던 우리 임시정부를 육천 리를 걸어서 당도했을 적에, 우리는 태극기를 앞세우고 행진가를 부르며 들어왔습니다. 그러자 혁명을 하시던 분들이 마중 나왔는데, 그때 감격은 무어라고 표현할 수가 없었습니다. 다들 눈물을 흘렸습니다. 지금 그 분들은 다 돌아가셨고, 유지를 받들어서 실현할 책임을 우리가 더 느끼게 됩니다."

【증언】 백정갑 (1919년 출생, 일본군대 탈출 학병, 한광반 출신 광복군, 임시정부 경위대 대원)

백정갑

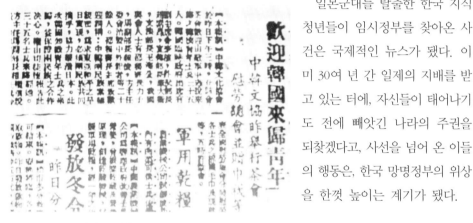

학병 도착을 보도한 현지 신문

일본군대를 탈출한 한국 지식 청년들이 임시정부를 찾아온 사건은 국제적인 뉴스가 됐다. 이미 30여 년 간 일제의 지배를 받고 있는 터에, 자신들이 태어나기도 전에 빼앗긴 나라의 주권을 되찾겠다고, 사선을 넘어 온 이들의 행동은, 한국 망명정부의 위상을 한껏 높이는 계기가 됐다.

광복군 간부 회의

한광반 출신 대원 가운데 일부는 급한 대로 임시정부와 요인들을 지키는 경위대에 편입돼 청사에 남고, 나머지 대원들은 임시 거처가 마련된 토교로 가서, 대가족 동포들의 뜨거운 환영 속에, 새로운 보직을 받을 때까지 두세 달 그 곳에 머물렀다.

미군, 유황도 상륙 (1945. 2.)

이범석(오른쪽)과 미군 OSS 요원들

이 즈음 남방에서 제해 제공권을 거의 상실한 일본은 본토 방어에 필수적인 전초 기지 확보를 위해 옥쇄전술로 나갔다. 이에 연합군은 정규전 외에 첩보전을 강화했다.

임시정부는 첩보전이야말로 한국광복군의 현실에서 가장 효과적인 전략이라고 생각했다.

"중국 쓰촨성 수도인 청뚜(成都)에 화서대학이라고 있었는데 거기서 영어를 가르치는 김윤택이라는 한국인 여자 교수가 있었어요. 이 교수가 1944년 말에 충칭에 와서 임시정부를 방문했는데, 거기서 이범석 장군을 만나, 중국 쿤밍에 미국 OSS사령부가 있다는 얘기를 하니까, 어떻게 아느냐? 하시자, 교수는 자기 동료가 알고 있다고 말했습니다. 그러자 이범석 장군은 청뚜로 가서 그 사람을 만나 자세히 듣고 함께 쿤밍으로 가서 OSS사령관을 만나게 됐고, 이것이 한국광복군이 OSS 훈련을 받게 된 계기가 된 것입니다."

【증언】박영준

* OSS ─ 제2차 세계대전 중에 창설된 미국의 전략첩보기구. 정보 수집, 유격대 활동, 적후방 교란이 주요 임무. 1944년 10월 중국 쿤밍에 OSS본부 설치

* 독수리작전 ─ 한국광복군을 한반도와 일본에 투입하여 유격작전을 수행한다는, 미국 OSS의 작전 계획

* OSS본부, '독수리작전'안 작성 (1945. 2. 24.)

[삽화] OSS대원들의 한반도 침투 작전
가상도

광복군 제2지대장 이범석은 쿤밍에 있는 미국의 OSS와 비밀리에 접촉해, 한반도의 최근 사정에 가장 밝은 학병 출신 광복군들을 대일첩보전에 활용하는 문제를 협의했다. 이 무렵 제3지대장 김학규도 별개의 경로로 OSS본부를 방문했다.

쿤밍에서, OSS요원들과 함께 (앞줄 왼쪽 김우전)

"1945년 3월 12일 밤, 김학규 지대장과 함께 쿤밍에 도착했습니다. 그리고 이튿날 아침 9시에 제14항공대 사령관 사무실로 가서 세놀트 장군을 만났지요. 그렇게 해서 3일 간 OSS사령부에서 참모들과 회담을 했습니다. 그 회담이 성공해서…, 좀더 대대적으로 하자고 얘기가 됐지요."
【증언】 김우전

SECRET

aide memoire
April 3, 1945

On April 3, 1945, I went to headquarters of the Korean Provisional Government, as previously arranged by their invitation, to accompany a group from headquarters to the Korean community at T'u-ch'iao 土橋, about 25 kilometers from Chungking on the main motor road to Kweiyang. The party included General I Chong-chon, General I Bum-suk, Major-General Kim Hak-kyu, Mr. Chung Ham-bum, and several members of the Korean Independence Army who recently deserted from the Japanese army and some from Anhwei to Chungking. At T'u-ch'iao we were joined by Mr. Min Shuk-wim, Colonel I 李 (a graduate of YMI, class of 1924), Information Minister Om Hang-sep (or Yum Heng- 嚴恒燮, who signs his name David H. S. Um), and Dr. Ya Chia-dong (or Liu Chae-tung 劉載亭, who signs his name Dr. New Pilltene, and whose visiting card reads Chairman of the Health Committee, Young Korean Academy, Far Eastern Branch).

The object of the trip was twofold: to gain an acquaintance with the Korean community at T'u-ch'iao and to meet the 37 Koreans recently arrived from Anhwei.

The Korean community was established at T'u-ch'iao about 3 years ago partly to solve the housing problem in Chungking for families of members of the provisional

OSS 작성 관련 서류

한국광복군을 한반도에 침투시키기 위한 한미합작 OSS훈련 계획은 양측 실무진들의 검토를 거친 뒤 임시정부에 보고됐고, 김구는 4월 3일 이를 승인했다. 중국의 장제스도 이 특공 계획을 지지했다.

시안 장안현 두곡양참

시안 시내에서 남동쪽으로 20킬로미터쯤 가면 두곡진(杜曲鎭)이란 마을이 나오고, 그 곳에 이 지역 쌀수매창고인 두곡양참(杜曲糧站)이 있다. 그런데 이 자리에 예전에는 노야묘(老爺廟)라 불리는 관운장 사당이 있었는데, 이부가에서 옮겨온 광복군 제2지대는 이 사당을 OSS훈련을 위한 병영으로 사용했다.

당시 병영

제2지대 대원들

"훈련이라면 요샛말로 특전대훈련을 생각하면 됩니다. 그 당시엔 특전대훈련이 뭔지 잘 몰랐지만 바로 이런 거예요. 파괴하는 것, 낭떠러지에서 떨어지는 것, 암살하는 것, 무전 치는 것, 그런 훈련이에요. 1차로 50명을 뽑아 1기, 2기로 나누어 훈련하는데, 국내에서 갓 들어온 우리 학병들은 전부 들어갔지요. 그래서 3개월 훈련을 받았습니다."

【증언】 김준엽

미 공군, 도쿄 폭격 개시 (1945. 3.)

본토 방어에 전력을 기울이기 시작한 일본의 주요 도시 상공에 미 공군 폭격기들이 출격해 엄청난 폭탄을 쏟아 붓기 시작했다. 이미 유럽에서는 6년 전쟁이 종막을 고했지만, 8년째 전쟁을 벌이고 있는 일본은 최후 발악으로 버텼다. 마침내 미군은 6월 21일 오키나와를 점령했다.

광복군 제3지대 창설

김학규 지대장

한편 푸양에서 초모공작에 주력하고 있던 징모6분처는 6월 30일 광복군 제3지대로 정식 개편됐다.

김영일

"제3지대가 정식 창설되면서 저희도 OSS훈련에 참가하기로 결정됐어요. 그래서 창설식이 끝난 그 이튿날 허난성(河南省) 리황(立煌)에 있는 OSS훈련장으로 향했습니다. 그리고 7월 7일부터 훈련을 받았습니다. 훈련을 받은 인원은 반장을 포함해 21명으로 기억합니다. 훈련지는 산속이었고, 강이 흐르는 한 옆으로 미군이 지어 놓은 초가집 막사에는 순전히 저희들만 있었습니다. 미군 측에서는 대위 한 사람하고, 하사관 두 사람이 교관으로 나와 있었고요."

【증언】 김영일 (1925년 출생, 광복군 제3지대 대원)

OSS 작성 한글암호표

[삽화] 한미특전작전회의 (1945. 8. 7.)

회의를 마치고 나오는 김구,
도노반 등

8월 7일, 시안 제2지대 본부에선 한국광복군을 대표한 김구와 미군을 대표한 도노반 소장이 만나, 적 일본에 대해 한미 연합작전이 시작됐음을 선언했다.

그리고 다음 날 김구는 종남산에서 대원들의 시범 훈련을 참관했다.

"경위대원으로서 백범 주석님을 수행 중에, 이 날 종남산에서 가까운 동지들이 훈련을 받는 장면을 보게 됐어요. 그런데 그 민첩성이라니…! 나도 예기치 못했던 일이라서 놀랐습니다. 백범 선생이나 이청천 장군은 더 말할 것 없이 놀라셨을 거예요. 나는 늘 보던 동지들이 하는 데도 그만큼 놀랐는데, 전혀 처음 보는 양상에 대해 두 분은 경악을 했을 거예요. 또 흐뭇했을 거고. 미군 교관들이 백범 선생한테 그러더군요. '이것을 중국군에 시켰더니 그대로 하는 데 6개월이 걸린데 반해 당신네 한국 청년들은 2개월에 완전히 우수한 성적으로 끝냈다. 그래서 실제로 8월 9일 이들을 한국에 투입하려는 게 아닌가.'라고 말입니다."

【증언】 윤경빈

[삽화] 밧줄 타기를 훈련하는 대원들

정일수

광복군 제2, 제3지대가 각기 미국 OSS로부터 국내 진공 훈련을 받고 있는 동안, 충칭에 있는 제1지대도 OSS와 접촉했다.

"OSS작전의 본 훈련은 청뚜에 가서 받도록 돼 있었습니다. 그래서 선발대로 장철부(본명 김명철) 동지가 미리 가고, 우리는 그 사람의 연락을 받아 출발하려고 대기하고 있는데, 그만 8·15해방이 왔습니다. 결국 우리는 본격적인 훈련을 제대로 받아 보지도 못한 채 작전이 중단된 것입니다."

【증언】 정일수 (1924년 출생, 중국 우한에서 일본군대 탈출, 광복군 제1지대 대원)

부민관 (현재 서울시의회 건물)

일제가 이 땅을 지배한 지 35년 그리고 종식되기 20일 전에, 독립운동의 마지막 거사가 서울 한복판에서 일어났다.

1945년 7월24일, 열아홉 살 조문기는 유만수, 강윤국 두 동지와 함께 친일파 박춘금과 그 추종자들이 집회를 열고 있는 부민관(현재 서울시의회 건물)에 폭탄 2개를 설치하여 폭파시켰다.

조문기

"대한민국 임시정부를 목표로 삼고 중국으로 임시정부를 찾아가자고, 동지들과 합의가 돼, 일본 도쿄에서 한국에 나왔어요. 그런데 한국에서 그냥 임시정부를 찾아가 어린애들이 독립운동하러 왔습니다 하면, 임시정부 어른들이 우리를 어떻게 생각하겠느냐, 철없는 애들이 독립운동하러 왔다고 하면 어떻게 대하겠느냐. 그러니 이렇게 그냥 갈 게 아니라 국내에서 커다란 거사 몇 가지 해 가지고 그 공을 등에 짊어지고 가면, 다시 말해 국내에서 먼저 나라를 떠들썩하게 만들어놓고 나서, '그거 우리가 한 겁니다.' 라고 하면, 우리가 아무리 나이 어려도 임시정부는 우리를 믿고 중요한 일을 시킬 것이 아니겠냐… 하는 생각으로 한 겁니다."

【증언】 조문기 (1926년 출생, 부민관 폭탄의거)

일본 히로시마에 원폭 투하 (1945. 8. 6.)

소련군, 북한에 진주 시작 (8. 9.)

1945년 8월 6일, 일본 히로시마에 한 발의 신형 폭탄이 떨어졌다. 그리고 9일엔 나가사끼가 맞았다. 그제서야 일본의 군부는 정신을 차렸고, 다음 날 일본왕은 미·영·소 3국 정상들이 포츠담선언을 통해 요구한 무조건 항복을 수락했다.

시안, 황루 (옛 산시성 주석 관저)

쭈싸오쩌우 (당시 산시성 주석)

[삽화] 당시 연회장

바로 그 날 저녁, 산시성의 주석 관저에선, 제2지대 시찰을 끝낸 김구 일행을 맞아, 성주석 쭈싸오쩌우 장군이 베푸는 연회가 있었다.

"쭈 주석하고 우리 김구 선생님하고는 본시부터 잘 아는 어요. 그쪽에서 대단히 환영을 하시고, 정말 오래간만에 만났다고 감회가 깊어서 서로 부둥켜안고 기뻐했사이였어요. 처음엔. 그리고 만찬이 한참 진행되는데 전화가 왔다고 해서… 전화 받으러 간 주석이 돌아오면서 하는 말이, '아, 일본이 손들었다. 항복했다. 지금 내가 충칭에서 온 전화를 받았다. 일본이 항복했다.' 포츠담선언을 수락했다. 이거예요, 그때 얘기가…! 그런데 그 순간 김구 선생님께선 아주 섭섭한 표정이었어요. 그리고 만찬장을 나오시면서 눈물까지 흘리셨어요. '우리가 그래도 이 2차대전에서 피를 조금이라도 흘려서 우리 민족도 이 전후 처리에서 뭔가 요만한 권리라고 몸에 지녀야 하는데, 거기에 대한 희망을 상당히 걸었었는데, 아무것도… 이젠 수포로 돌아가고 말았다!' 라고 하시면서 말예요."

【증언】 윤경빈

* 포츠담선언 ─ 한국은 1943년 11월 27일 발표된 '카이로선언'으로 이미 일본으로부터 분리와 독립이 연합국에 의해 공약됐었는데, 1945년 7월 26일의 '포츠담선언'에서도 이 내용이 재확인됐었다. 그런데 이 날 마침내 일본이 그 포츠담선언을 수락한 것이다.

11. 되찾은 나라 (임시정부 환국)

1945년 8월 15일, 일본왕은 전 세계를 향해 항복 선언을 했다. 그것은 2차 세계대전의 완전한 종식과, 일제 점령 35년의 한반도가 주권을 회복하는 선언이기도 했다. 중국에 한국의 망명 임시정부가 수립된 지 정확히 26년 4개월 만의 일이다.

해방 소식에 기뻐하는 국내 동포들
(1945. 8. 15.)

일본왕 히로히토

일본왕의 항복 방송을 듣는 일본인들

급히 귀국길에 오른 일본인들

"대원들 훈련을 시키고 있는데 일본왕이 무조건 투항 방송을 했다고 해 처음엔 좋아서 만세를 불렀어요. 그런데 집총 훈련을 하다가, 그러니까 적이 없어졌다는 생각을 하니 모두 맥이 빠져 삽총을 하고 앉아서 는……."
【증언】 박영준

"어른들 말씀하시는 것도 듣고 신문에서도 보고 막 이러다 보면, 일본이 반드시 망하긴 망하는데 언제 망하느냐…, 그땐 한 일년쯤 뒤로 봤어요."
【증언】 지복영

"우리 2지대 모든 대원이 흥분했죠. 김구 선생님처럼 땅을 치고 우는 사람은 없었어요. 하여튼 일본이 투항했다는 자체에 흥분하고 좋아했죠."
【증언】 민영수

38선으로 국토 분단 (1945. 9. 2.)

해방된 이 땅에 갑자기 삼팔선이 그어졌다. 일본이 항복하자마자 북한으로 진주하기 시작한 소련군이 8월 24일 평양을 점령함에 따라, 9월 2일 한반도가 38도선으로 분단된 것이다. 하지 사령관이 이끄는 미군은 그보다 늦은 9월 8일 인천에 상륙해서 서울에 들어왔다. 일본의 갑작스런 항복에 탄식부터 해야 했던 김구의 우려가 이윽고 현실로 나타나기 시작한 것이다.

9월 3일 임시정부는 서둘러 '1945년 임시정부 당면정책'을 발표했다. 새 정부는 반드시 독립국가, 민주정부, 균등사회를 원칙으로 해야 하며, 과도정권이 설 때까지는 임시정부를 유지한다는 요지였다.

연화지 임시정부 청사

국내 미군정 시작 (1945. 9. 9.)

이승만 귀국 (10. 16.)
(왼쪽, 미군정청 하지 사령관)

서울에 진주한 미군은 삼팔선 이남 지역에 한해 군정에 들어갔고, 중국 충칭에 있는 대한민국 임시정부를 주권기관으로 인정하지 않았다.

임시정부 요인과 직원들의 환국 기념 촬영

평생을 오로지 이 날만을 위해 혈혈단신으로 때로는 대가족을 이끌고 중국 대륙을 떠돌며 27년의 망명 정부를 지탱해온 독립운동가들에게, 미군정 당국의 이러한 결정은 분노와 통한이었다.

임시정부는, 중국에 남아서 정부의 잔무를 처리하고 광복군과 교민들의 귀국을 돕도록, 주화대표단을 구성했다.

중국 국민당정부의 송별연

임시정부가 중국을 떠나게 되자, 중국공산당이 먼저 한국의 독립운동가들을 위해 성대한 송별연을 베풀었다. 이어 중국 국민당정부도 임시정부 요인들을 위한 송별연을 중앙당부 대례당에서 마련했다. 김구와 장제스는 만감이 교차하는 가운데 그간에 있었던 노고를 서로 치하했다.

임시정부 요인들은 두 차례로 나눠 귀국했다. 주석과 부주석 등 여섯 명의 요인과 가족, 수행원을 포함해, 모두 열다섯 명이 출발 1진이 됐다.

김구, 상하이 도착 (11. 5.)

1945년 11월 23일, 김구 등 요인들을 태운 미군 수송기가 마침내 중국 영토를 벗어나 황해 바다 상공을 날기 시작했다.

임시정부 김구 외 요인 1진 환국 (11. 23.)

"두 시간쯤 지나서 오후 3시가 거의 됐는데, 대부분 눈을 감고 졸거나 명상에 잠겨 있었어요. 그때 저희를 안내하던 미군 대령이 저희를 깨우면서, 저기 비행기 밖을 내다보라고 그러더군요. 그래서 보니까, 조그만 섬이 보이고, 하얀 물결이 치고, 섬들이 많이 보이는데, '저기부터 당신네 땅이오.' 대령이 그러자, 다들 눈을 떴어요. 그러고는 누가 선창한 것도 아닌데 함께 애국가를 제창하고, 순국선열에 대해 묵념을 드리는 거예요. 그때 애국가를 부르는데 저 자신도 그랬지만… 그야말로 눈물의 애국가지요, 그것이……!"

【증언】 선우진 (1921년 만주 출생, 광복군 징모제6분처 대원, 임시정부 경위대 대원)

선우진

임시정부 요인 2진 환국 (12. 2.)

귀국 시의 조완구

조규은

대한민국 임시정부가 마침내 서울에 도착했다. 그러나 미군정 당국자 외에 고국의 동포는 아무도 이 사실을 몰랐다. 2진이 도착했을 때도 마찬가지였다.

"1927, 8년 쯤 됐을 거예요. 그때 저희 6촌 언니가 편지를 했더라고요. '아저씨 그냥 놔 두면 돌아가신다. 굶어서 돌아가신다. 와서 돌봐 드려야 한다.' 어머니께서 가시겠다고 그러셨어요. 그런데 저희 아버진 신념이 이겁니다. '나는 이미 집을 버린 사람이야. 식구는 생각도 않는다. 나라 찾는 일이 중요하지, 가족 먹여 살리는 일은 그 다음 일이다. 당신이 식구를 먹여 살리려면 이 곳으로 오너라.' 어머니가 가실 수 있겠어요, 그 판에? 못 가셨지요. 가끔 이런 생각을 합니다. 그때 어머니가 강경하게 나가셔서 중국으로 가셨더라면, 고생이야 말할 수 없었겠지만, 30년을 기다리다가 (아버지가 환국하시기 1년 전에 돌아가시는 바람에) 못 만나시는 그런 기막힌 일은 없었을 텐데…, 그런 걸 느낍니다."

【증언】 조규은 (1912년 출생, 임시정부 국무위원 조완구의 딸)

　* 다섯 살 때 만주에서 아버지를 처음 보았고, 광복 후 경교장에서 28년 만에 두 번째 만났다. 그리고 5년 뒤 한국전쟁 때 아버지가 납북돼 다시 헤어졌다.

임시정부 개선 환영대회 (1945. 12. 19.)

대한민국 임시정부가 환국 26일 만에 비로소 동포들로부터 뜨거운 환영을 받았다. 강대국들은 인정하지 않았지만, 조국의 3천만 동포는 임시정부 27년의 위업과 노고를 기꺼이 인정했던 것이다.

후춘혜

"대한민국 임시정부는 중국에서 27년 동안 독립운동을 해 왔습니다. 독립운동의 가장 큰 의미는 대한 민족이 불요불굴의 정신과 일본 제국주의에 결코 투항하지 않는 정신을 보여 준 것입니다. 대한민국 임시정부가 해외 중국에서 하루라도 존재할 수 있었고 분투할 수 있었다는 것은 일본이 시종 한국을 완전히 정복하지 못했다는 것을 뜻하지요."

【증언】 후춘혜 (대만국립정치대학 교수)

해를 넘겨 1946년 1월에, 중국 충칭에 남아 있던 임시정부의 대가족이 귀국길에 올랐다.

대가족이 탄 중국 여객선 (장강)

"중국이 워낙 땅덩어리가 넓다 보니까 새벽에 떠나면 밤중에 닿고, 충칭에서 우한까지 가는 데만도 아마 한 달 가량 걸렸을 거예요. 그 곳에 우리 동포들이 많이 살고 있었습니다. 그분들이 우리 가족들을 분담해서 한 집씩 맡았어요. 정상적인 밥상을 차려오는데, 오랜만에 진수성찬을 보니 어린 마음에 마구 들뜨는데, 어른들은 시뻘건 음식을 보고 그렇게 눈물을 흘리고 감격해 하시더군요. 나중에 알고 보니까, 그게 바로 한국의 '김치'더라고요." 【증언】 김정륙

광복군들이 서명한 태극기

10만 대군의 광복군을 만들어 귀국하고자 했던, 이청천 광복군 총사령의 포부도 이 즈음 (1946년 2월) 미군정 당국의 반대로 좌절됐다.

"맨 처음엔 중국 정부에서 십만 대군의 광복군을 만들어 주겠다, 뭐 대군이라야 소총만 주면 되니까. 그래서 우리가 전방에 나가서 전방에 있는 한적사병(일본군대에 징병으로 나와 있던 사람)들을 모집해서 웬만한 광복군을 만들었어요. 그런데 뒤에 한국에 들어온 미국의 하지 장군이, 누구든지 개인 자격으로 들어와야지 단체 귀국은 인정 못 한다. 이렇게 되지 않았어요? 그러니까 중국 정부도 할 수 없다며 약속을 취소해 버렸어요. 그래서 임시로 모였던 사람들… 십만 광복군은 다 해산된 거죠. '너희 맘대로 들어가 버려라!' 그렇게 된 겁니다."

　【증언】 김유길

대가족이 탄 난민선 부산 도착 (1946. 5.)

기존 광복군과 한적사병들은 대부분 해방 이듬해 2월부터 6월 사이에 미군 선박을 이용해 귀국했다. 충칭을 떠난 대가족 백여 명도 이들과 함께 왔다.

"저게 우리나라구나! 하고 내다보니까, 불만 반짝반짝하고… 어디가 우리나라…? 뭐 뭐 아무것도 없더군요. 내리려니까 못 내리게 해. 인천에 호열자가 돈다구. 부산으로 가래요. 일주일 만에 부산으로 갔어. 부산엘 갔더니 밤에 깜깜한 게 동네도 안 보여. 산만 보여. 얼마 있다가 또 안 된대. 그러더니 위문단이 와서 며칠 동안 먹을 양식을 주었는데, 한 주일 또 지나니까 배고파 죽겠더라구. 이번엔 메주콩을 삶아서 올려 왔어, 새우젓하고. 막 썩는 냄새가 나, 새우젓이…. 못 먹겠더라구. 하지만 배고프니까 먹었지. 그러면서 이게 조국인가, 낙심이 되더라구. 그 다음에 다시 또 인천으로 돌아왔어. 인천으로 가래. 그래 가서 상륙하는데, 갑자기 미군들이 배에 올라오더니 디디티(이 죽이는 하얀 가루약)를 한 사람 한 사람 죄다 뿌리는 거야. 온몸에, 옷 속에다 마구 뿌리는 거야. 여자고 남자고 상관 없어. 미군들이 낄낄대면서 그러는데, 거기서 벌써 팍 낙심이 됐지."

　【증언】 엄기선

신탁통치 반대 시위 물결   삼팔선을 넘는 김구 (1948. 4. 19.)

　망명 가족들이 해방된 조국에서 겪은 낙심은 이것뿐이 아니었다. 지난 연말 (1945. 12. 27.) 강대국 외상들이 모스크바에서 한반도 5년 신탁통치를 결의한 여파로, 조국이 온통 신탁통치 찬반 시위에 휩싸여 있었기 때문이다. 그런 가운데 불거진 '남한만이라도 단독정부를 수립할 필요가 있다.'는 이승만의 공개 발언(1946. 6. 3.)은 오로지 통일된 새 나라만을 염두에 두고 있던 김구를 크게 실망시켰다.

　이에 따라, 이미 중국에서 좌우익 합작 연립정부를 이끈 경험이 있는 김구는 소신에 따라 남북협상을 제의했고, 1948년 4월 19일 끝내 삼팔선을 넘었다. 그리고 평양에서 남북의 네 지도자(김구, 김규식 / 김일성, 김두봉)가 회담을 열어, '남북의 우리 동포는 통일적으로 영구히 살아 나가야 한다.'는 데 뜻을 모으고, 5월 4일 서울로 돌아왔다.

대한민국 정부 수립 (1948. 8. 15.)　　　　조선민주주의인민공화국 수립 (1948. 9. 9.)

(사진 김일성 수상)

　　그러나 남한만의 단독 정부가 먼저 수립되고, 이어 북한도 따로 정부를 수립하면서, 김구의 꿈과 노력은 물거품이 됐다.

　　* 대한민국 초대 대통령이 된 이승만은 친일 세력을 등에 업고 장기 집권과 독재 정치를 하다가, 1960년, 3·15부정선거와 4·19혁명에 대한 책임을 지고, 4월 26일 대통령직에서 사임했다. 이어 5월 29일, 부인 프란체스카와 함께 비밀리에 하와이로 망명했다.

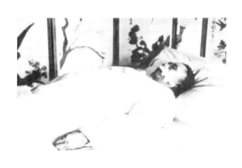

김구, 안두희 흉탄에 서거 (1949. 6. 26.)　　　　한국전쟁 발발 (1950. 6. 25.)

　　그리고 이듬해 6월, 온 겨레를 죄인으로 만드는 청천벽력의 비보가 이 땅을 울음바다로 만들었고, 다시 또 1년 뒤엔, 고인(김구)이 그토록 걱정하고 경고해 마지 않았던 동족 상잔의 비극이 해방 조국에서 일어났다. 북한군의 남침으로 한국전쟁이 시작된 것이다.

　　3년 1개월에 걸친 6·25 전쟁은 한반도 전체를 폐허화했고, 참전한 외국 병력을 포함해 모두 2백만 명이 사망하고 1천만 명이 넘는 이산가족을 만들었다.

12. 마무리

국립묘지 애국지사 장례식

대한민국이 탄생한 지 60년이 되는 오늘도 국립 현충원 애국지사 묘역에는, 사랑하는 가족과 동지들 곁을 떠나는 애국지사들이 속속 묻히고 있다.

자신보다는 동포를, 제 집보다는 나라를 먼저 생각했고, 또 그것을 행동으로 옮겼던 사람들…, 우리는 그들을 가리켜 독립운동가라 불렀다.

대한민국 임시정부는 바로 이러한 사람들에 의해 태어났고, 그들에 의해 갖은 역경 속에서 27년 간 지켜졌다. 망명생활이 피난살이로 이어졌을 때는 간판을 둘러메고 대륙 3만리를 전전했다. 왜 그랬을까? 무엇이 그들로 하여금 죽음조차도 두려워하질 않게 했을까?

* 3·1운동 참여자 : 국내외 동포 1천만 명 / 독립운동자 (의병, 독립군, 광복군 포함) : 6백만 명 / 순국선열자 : 60만 명 [한국독립유공자협회 추산]

"중국 땅 망명생활을 하면서, 겨울 한 달 동안에 거처를 열세 번 옮긴 적이 있어요. 그 집에서 좀 살리라 하고 부뚜막에 솥 걸어 놓고 흙도배도 하다보면, 그 집에서 못 살게 되고, 또 딴 데로 옮겨가야 돼요. 한 달 동안에 열세 번이니까, 한 집에서 2, 3일밖에 못 산 꼴이지요."
【증언】 지복영

"한 번은 아버님이 집에 들어오시다가 어린 자녀가 참담한 몰골로 지내는 것을 보시곤, 도저히 안 되겠다 싶으셨는지, 저희 남매를 고아원으로 들여보냈어요. 배불리 먹었던 시절은 딱 그때뿐입니다."
【증언】 김정륙

"그때 나라가 없기 때문에 우리의 통칭은 뭐냐 하면 망국노예요. 중국말로 망국노…! 그래서 한국애들이나 중국애들이 싸우게 되면 그냥 한 마디로 '너희 망국노!' 그렇게 말을 붙이면 우리 한국 학생들은 이기고 지는 게 없이, 그냥 그 한 마디를 듣게 되면 얼마나 가슴이 아프고 분한지 몰라요. 지금 우리 한국이 이렇게 우리나라를 되찾아가지고 다들 얼마나 기쁘게 사는지 모르는데, (목이 메어) 저희는 그때 어려서부터 뼈가 저리도록 망국노의 한을 느끼며 살아온 사람들이에요.”

【증언】 김정숙

"백범 선생님은… 내가 충칭에 가기 전 광쩌우에 있을 땝니다. 내가 그때 위장병이 걸려 바짝 말라 몸이 말이 아니었는데, 길에서 백범 선생님을 만나 인사를 하니까, 날 좀 보자고 해요. 그러시고는 자기 지갑에서 돈을 꺼내 5원을 줘요, 5원을…! ‘너 건강이 좋지 않은 것 같은데 고기 좀 사 먹어라.’ 기운을 회복하라고…, 그 5원이 지금도… (목이 메어) 감사해요. … 그분은 그런 인간미가 있어요. 광복군 졸병이라도 추워 떨면 입던 외투도 벗어 주고, 또 돈도 자기 용돈에서 뚝 떼 주며 고기 사 먹고 나오라고, 그러시고…. 그래, 참 부모와 같은 애정을 베푸시는 분이었어요.”

【증언】 박영준

[삽화] 아! 백범

나라는 내 나라요
남들의 나라가 아니다.
독립은 내가 하는 것이지
따로 어떤 사람이 하는 것이 아니다.
우리 민족 삼천만이 저마다
이 이치를 깨달아 이대로 행한다면,
우리나라가 독립이 아니 될 수도 없고
또 좋은 나라 큰 나라로 이 나라를
보전하지 아니할 수도 없는 것이다.

<백범어록>

대한민국 임시정부 문헌과 국새 분실 전말기

　대한민국 (임시정부) 기원 27년 (1945년) 을유년 8월 왜적의 패망으로, 그 해 11월에 임시정부와 임시의정원 (이하 각 '임정', '임의원'으로 약칭) 기관 전체가 중국 충칭(重慶)에서 귀국하게 될 때에, 중국과 미국 등 우방의 비행기를 이용하게 된 관계로 휴대물품에 대한 적재 중량에 제한을 받게 되어, 가장 귀중한 문헌도 특별히 정리하여 임정의 문헌과 물품을 넣은 상자 10개와 임의원의 문헌과 물품을 넣은 상자 3개, 합해 모두 13개 상자(대형 가죽가방)를 싣고 귀국하였다.

　그때부터 민국 28년 (1946년) 1월 중순까지는 서울시 경교장(백범 주택)에 간직하였다가, 그 뒤 당국의 분란으로 그 달 하순경에 사직동 모씨 집으로 옮겨 보관하였는데, 이 곳도 불편하다 하여 그 해 2월에 다시 임의원의 문헌과 물품 상자 3개는 임의원의 후신인 '비상정치회의' 본부로 옮기고, 정치문헌과 물품 상자 10개만은 낙산장(駱山莊, 曺晴사 주택)에 옮겨 놓았는데, 그 뒤로도 시국이 여전히 불안함에 따라 또다시 이전 보관하는 문제가 생겼다. 차제에 은행에 보관하자는 말도 있었으나, 결국은 종전과 같이 서민들이 사는 구석지고 으슥한 마을 안에 은밀히 보관하자는 의견이 다수였으므로, 그 해 5월에 다시 정리하여 상자 10개를 8개로 만든 뒤, 6월에 혜화동 조남직(趙南稷, 임정 비서처 서무위원회 용도과장으로 복무 중.) 군의 주택으로 옮겨 보관케 하였다. 그 뒤 조군이 가정 사정으로 성북동으로, 성북동에서 '돈암동'으로 두 차례에 걸쳐 이사를 하게 됐는데, 이 보관물도 그때마다 함께 옮기는 것을 (비서처는) 허용했다.

　그리고 민국 32년 (1950년) 6 · 25사변이 일어났다. 맨몸으로 피난하기도 어려운 상황에서 다량의 물품을 가지고 행동할 수가 없기 때문에, 나는 부득이 6월 30일 홀몸으로 피난길에 올라 남쪽으로 내려갔다. 그리고 세월이 흘러 나의 피난생활도 어언간 4년이나 되었다.

그 동안 난민의 신분으로서 전주와 부산 간을 배회하면서 골몰하고 겨를이 없는 가운데서도, 나에게 지워진 책임감과 민족운동자의 양심적 의무감에서 보관물에 관한 염려가 한시도 떠나질 않았다. 그래서 하루라도 빨리 상경하여 난리 후의 결과를 알아보려고 줄곧 노력하였지만, 일이 뜻대로 되지 못하고 빙글빙글 지체만 됐는데, 그것은 다음과 같은 몇 가지 애로점이 있었기 때문이다.

> (1) 몇 차례 들리는 말에 의하면, 보관자인 조남직 군이 공산군에게 납치됐을 때 가족이 원거주지에 살지 못하고 사방으로 흩어져 피난 중이라 하니, 우선 그들의 현주소지를 알아 내야 하고,
> (2) 수도가 전쟁계엄지구인 관계로 도강 제한이 가혹하여 출입이 용이치 못했고,
> (3) 나의 무능을 자백하는 말 같지만, 설사 그 지역에 별도로 들어갈 수가 있다 하더라도, 황폐한 옛터에서 달라진 주소를 찾아 내자면 상당한 시일과 경비가 요청되는데, 전시생활의 형편에서는 간단한 문제가 아니었다.

그러다가 1953년 5월에 다시 들리는 말이, 남직 군의 가족 일부가 친척인 고 임성주(林聖周) 씨 댁(충남 부여군 대왕리)에 머문다기에 가서 찾아보니, 그 말은 와전된 것이었고, 다만 남직 군의 납치설만을 확인하기에 이르렀다. 그 댁에는 남직 군의 육촌 아우인 남중(南重) 군이 잠시 머물다가 서울로 돌아갔는데, 혹시 그 아우가 남직 군 가족 사정을 알 수 있을까 하여, 그의 주소를 알아 가지고 돌아왔다.

그 해 7월 입경 제한도 어느 정도 해소되었고 여비도 가까스로 준비되었으므로, 보관물을 찾고 또 다른 일들도 보기 위하여 9월 5일에 상경하였다. 그리고 며칠 뒤 조남중 군의 주소지를 찾았는데, 이미 주소는 변하고 바뀌어 헛수고가 되었다. 남직 군 가족 찾기를 단념하고 달리 찾을 궁리를 하던 차에, 조씨 집안의 객인이면서 나와도 오랜 친구 사이인 조일청(趙一淸) 군이 현재 '한국대학'에 근무 중이라는 말을 듣고, 9월 14일 찾아갔던 바, 마침 부재중이라 방문의 뜻을 적은 쪽지를 남기고 돌아오자, 이튿날 이 사람이 내 주소로 나를 찾아왔다. 그래서 그의 안내로 조남중 군이 이사한 집(신설동 268의 10호)을 찾아갈 수 있었다. 신설동 집에는 남중 군이

군대 나가 없고, 부인만 있었는데, 조남직 군의 집안 사정을 물으니, 보문동에 사는 친척 조순구(趙舜九) 씨 댁을 가 보라고 했다. 그 댁에는 남직 군의 노부모가 거주하고 있고, 부인과 아이들이 그 곳에 내왕하고 있으니, 사실을 잘 알게 되리라는 것이었다. 그래서 그 곳으로 달려갔던 바, 남직 군의 처자 두 사람은 없고, 부모 두 분만 집에 계시나 노쇠한 데다가 중병이 들어 말 그대로 인사불성이었다. 마침 두 노인을 간병하고 있는 과부(남직의 육촌 여동생)가 있어, 남직 군의 가정 사정을 물으니, '남직은 동란 중에 납치된 것이 사실이며, 부인과 아들은 부산으로 피난갔다가 근자에 돌아와 부인은 폭파된 원주택 수리에 바쁘고, 아들은 식산은행에 근무하고 있다. 서울 원거주지(돈암동 주택)는 피난을 안 간 노부모 두 분이 지켰는데, 공습을 받아 피해가 있어, 지금 이 집으로 옮겨와 기거 중이나 노환으로 누워 지낸다.'고 알려준다. 남직의 아들 광련(光鍊) 군을 먼저 찾기 위하여, 일청 군과 같이 식산은행으로 향하였다.

광련 군을 만나 이야기를 나눠 보니, 과부가 한 말과 같으며, 보관물 문제에 대해서는 다소 신중해지면서 가급적 구체적인 답변을 회피하는 듯하였다. 그의 말을 요약하면, '돈암동 주택이 난중 공습으로 타서 없어졌는데, 보관품도 아마 그때 타서 없어졌을 것이다. 자세한 내용은 어머니한테 물어 보라. 다만 보관물 가운데 기치(깃발)들은 난중에 적의 눈에 띄면 위해가 미칠까 두려워서 피난가기 전에 끌어내어 태워 없앴고, 오직 큰 깃발 한 장만은 (자신이 근무하는) 이 곳 식산은행에 기증하여, 그때부터 지금까지 은행에서 사용하고 있다.'고 하므로, 문답은 이에 그치고, 그 모친과 만날 날을 그 달 18일로 정하고 돌아왔다. 그런데 17일에 갑자기 고향에 있는 가족의 병환 소식을 듣고 황황히 서울을 떠나게 되매, 광련 군의 모친을 만나는 일은 종로에 사는 윤태영 군에게 맡기고 귀향하였다가 그 달 30일에 상경하고 보니, 윤군 또한 개인 사정으로 내 부탁을 이행치 못하였다. 그래서 10월 2일 은행으로 광련 군을 다시 찾아 그간 사정을 말하고, 다시금 그의 모친과 만날 시기를 정하였다.

10월 3일 보문동 조순구 댁을 거쳐 조남직 군의 돈암동 원주택을 간신히 찾아서 그 부인과 아들 광련 군을 만나게 되었는데, 가옥 파괴와 물품 소멸에 관한 경과와 실제 현상을 듣고 본 내용은 다음과 같다.

> (1) 부인의 진술을 요약하건대…, 6·25 동란 중 남편은 납치되고, 팔순
> 노부모와 자식과 함께 갖은 험난을 겪고 지낼 때, 임정 보관물 전체는
> 안채 서쪽에 있던 작은 창고(서부 소창고)의 밑바닥에 깔아 두고, 그
> 위에다가 자택의 각종 세간을 쌓아 두었는데, 1·4 후퇴 때 시부모 두
> 분만 집에 남겨 놓고 모자가 부산으로 피난을 다녀온 사이, 이 집이 공
> 습을 받아 소이탄(건조물 등을 불태우는 데 쓰는 포탄)의 해를 입는 바
> 람에, 창고는 완전히 불에 타 없어지고, 저장물 하나 건지지 못하였으며,
> 안채와 담장도 보다시피 저렇게 파괴됐다는 것이다.

부인의 말 끝에, "보관물 중 큰 국기는 식산은행에 기증하였다고 하는데 사실입니
까?" 하고 물으니, 부인은 "네, 그랬지요. 보관물 중 깃발만은 적의 눈에 드러나면
위해가 미칠까 두려워서 따로 끌어내어, 불태울 것은 불에 태우고, 큰 국기 한 장은
은행에 기증하였소." 하는데, 이는 전날 광련 군이 한 말과 같았다.

> (2) 현장의 실제 모습은…, 주택은 돈암동과 신설동의 경계인 돈암동 남쪽
> 기슭의 중턱에 있는 큰길 북쪽에 자리잡은 건물로, 소규모 문화주택으
> 로 건축한 일본식 단층 남향집인데, 이른바 서부창고라는 것은 현재 건
> 물은 없어져 보이지 않고, 다만 시멘트 기초 바닥만 7, 8평 가량의 면적
> 이 남아 있는데, 그 기반이 안채 서쪽 벽에서 약 1미터 남짓한 거리에
> 있다. 새로 세운 듯한 바깥 울타리는 검정칠을 하였고, 온돌을 새로 까
> 는 등 이미 보수공사에 들어간 안채에는 곳곳에 피해 흔적이 아직 남아
> 있는데, 서쪽 벽 모서리가 약간 상했고, 각 창문은 모두 파괴됐었던 듯
> 새로 수리가 돼 있다. 기왓장과 토벽의 몇 부분에 가벼운 파상이 있고,
> 안채 서쪽 내벽에는 검은 기름이 튀어 붙은 크고 작은 흔적들이 약간
> 남아 있다.

이러한 사정을 본 나로서는 절망적인 마음과 슬프고 분한 마음을 진정키 어려웠
다. 임정의 국무위원이며 비서장이었던 나로서 느끼는 주무자의 책임은 물론이요,
수십 년의 민족운동자라는 신분으로나 민족의 한 평범한 구성원의 처지로 보아서

도, 나라를 잃은 뒤 나라를 찾기 위한 투쟁의 역사에서 가장 주류적 정수가 될, 보물 같이 귀한 문헌들이 단 한 조각도 남지 않고, 흔적도 없이 몽땅 사라진 이 참혹한 지경에 이르니, 어찌 통한치 않을 수 있으랴.

어쨌거나 이 보관물이 보관자의 고의든 실수든 간에 이미 사라진 것만은 90퍼센트가 틀림없는 사실로 판단된다. 여기에 나의 사적인 도의적 감상과 공적인 이지적 비판을 분류해 간단히나마 거론해 본다.

(1) 사적으로는, 조남직 군은 내 친구이자 동지인 바 불행한 고통의 곤욕을 치른 데 대하여 매우 가슴이 아프고, 그 가족한테도 가슴이 메이도록 가엾다는 동정심을 표하지 않을 수 없다. 따라서 보관품 문제에 관하여 도 호의적으로 처지를 바꾸어 추측한다면, 주인공은 이미 납치되었고, 참혹하고 잔악한 동란 중에 웬만큼 식견과 담이 큰 자도 의지가 줄고 동요하기 마련인데, 하물며 생각이 짧고 소심한 부인의 처지로는, 시국을 판별키 어려운 환경에서, 속담에 '내 코가 석자'라고, 자신도 안전을 보존키 어려운 지경에, 화약이 든 것처럼 위험시되는 보관물을 맡아 지키다가 자칫 잘못하면 뜻밖의 다급한 재앙을 초래할지도 모른다고 여겨, ─사실은 그렇지 않지만─, 그럴 필요가 무에 있는가 하는 생각을 하였거나 또 그렇게 행동하였을 수도 있으리라고 이해가 되기도 한다. 그러나…

(2) 공적으로는 냉철히 검토하고 비판하지 않을 수가 없다. 주택의 실제 피해 정도를 놓고 볼 때, 부인의 진술 내용을 그대로 다 수긍하기 곤란한 점들이 있다. 왜냐 하면, 부인이 말하기를, 보관물 중에 깃발만큼은 적의 눈에 띄기라도 하면 위해가 미칠 수 있는 일이라서 따로 처분하였다고 하였는데, 위험한 물건으로 치나 중요한 것으로 보나 깃발보다는 오히려 기록 문헌이 몇 배나 더 그럴 것인데, 어찌 정반대로 깃발부터 처분하였는지, 이것이 첫 번째 의문점이다.

설령 호의로 해석하여, 보관물을 더욱 간편히 정리할 필요가 있어, 장차 쓰임에서 비교적 가치가 적은 깃발을 따로 빼 놨다가, 나중에 보관물에 함부로 손을 댔다는 추궁을 받을까 봐서, 위해설을 꾸며낸 것은 아닌지, 이것이 두 번째 의문점이다.

나아가 좀더 나쁜 쪽으로 추정을 하면, 보관물은 모두 화가 미칠 수 있는 위험한 물건이며 두통거리이기 때문에, 전부 없애 버렸는데, 다만 간편한 깃발만은 군이 태울 필요까지는 느끼지 않아, 그 댁과 관련이 있는 식산은행에 선심 쓰듯이 기증하였는데, 처음엔 이런 사실마저 비밀에 부치려고 했던 것은 아닌지, 이것이 세 번째 의문점이다.

다음으로 의심스러운 점은 피해 건물이 소이탄을 맞아 부쉬지고 불에 탔다고 강조하면서, 그 실증으로 내벽 표면에 남아 있는 몇 개의 검은 기름 얼룩점을 지적하는데, (소이탄이 아닌 일반) 포탄 투하시에도 간혹 검은 기름이 튀어 붙는 실례를 본 적이 있는만큼, 전적으로 기름 얼룩점을 소이탄 폭격을 받은 유일한 증거로 삼을 수는 없다. 설사 그것이 진정한 사실이라 하더라도, 겉으로 보기에는 드러난 부분이 극히 희박할 뿐더러, 전반적으로 주택의 피해 실태를 보건대 폭격을 맞아 생긴 피해로는 믿어지나, 소이탄을 맞아 생긴 피해로 판정하기는 곤란하다. 왜냐 하면 창고와 안채의 거리가 1미터에 불과한데, 창고에 붙은 불기운이, 설사 바람이 없었다 하여도, 안채에 불길이 닿지 않을 리 만무하며, 설령 연소는 면하였다 하더라도 적어도 가까운 안채 벽면에는 불에 그스른 흔적이라도 반드시 남아 있게 마련인데, 그런 것이 전혀 발견되지 않았고, 다만 서쪽 벽 모서리를 비롯해 전체 벽 몇 군데가 원래의 벽 색깔 그대로 약간 파손되었을 뿐이다. 그런데도 가족(부인과 아들)이 한 목소리로 소이탄을 맞았다고 주장하는 속뜻은 무엇인가? 포탄의 피해라면 저장물의 잔해가 몇 가지라도 남아 있어야 할 터인데, 그때 그것을 수습하지 못한 관계로, —이와 비슷한 이야기를 그들 근친 중에서 귀뜀해 주는 이도 있었다.— 그 사실을 감추기 위하여 소이탄에 맞아 보관물이 모두 불에 타 없어졌다고 거짓말을 하는 것은 아닌지, 이것이 네 번째 의문점이다.

또한 그것이 아니라면, (세 번째 의문점대로) 처음부터 두통거리인 보관물을 다 없애 버린 뒤에, 마침 주택이 포탄에 맞는 피해를 입자, 그쪽으로 둘러대는 것은 아닌지, 이것이 다섯 번째 의문점이다.

그러나 그때의 환경과 한 개인에 불과한 나의 신분으로서는, 상대방에게 따지고 물어서 보관물이 있는지 없는지 그것이나 확인할 수 있을 뿐, 연기처럼 사라진 원인을 철저히 밝히는 그 이상의 행동은 사실상 불가능한 것이므로, 복잡한 감정을 꾹 참고 돌아왔다.

그리하여 그 달 5일에, 나는 광련 군이 기증하였다는 국기라도 찾으러 식산은행을 다시 찾아갔다. 광련 군에게 내가 온 뜻을 설명하고 상급 책임자와 면담을 하게 해 달라고 요구하였더니, 그는 말하기를, 깃발은 원래 기증하였기 때문에 되돌려 받기가 곤란하며, 기증 받은 자 또한 상급자가 아니고 대부과에 근무 중인 한 집안 사람 조남온(趙南溫)인데, 그가 다시 창고과로 그것을 넘겨 보관시켰다고 하였다. 그래서 나는 상식에 비추어 봐도 소유권이 없는 사람이, 부득이한 경우에 행여 보관물을 옮겨 보관할 수는 있으나, 임의로 남에게 기증하였다는 것은 무리한 처사였다고 꾸짖은 뒤, 함께 남온 군을 찾아가 내가 온 뜻을 말하니, 남온 군은 선선히 자리에서 일어나 창고과로 갔다. 이내 되돌아온 남온 군은 말하기를, 담당자가 마침 없으니 내일 다시 오시는 게 어떠냐고 하였다.

그리하여 사흘 뒤인 8일에, 나는 광온 군을 사무실로 다시 찾아갔다. 광온 군은 깃발 몇 장을 내 주면서, 원래 국기(태극기)와 외국기 몇 장을 받아, ─광련 군 모자가 한 말과는 뚜렷한 차이점이 있다.─ 외국기들은 창고에 넣어 두고 대형 국기한 장은 사용하여 오던 중, 은행이 난을 피해 부산으로 내려갔다 돌아와 보니, 그것이 어디에 떨어졌는지, 이제 아무리 찾아 봐도 발견되지 않아서, 외국기들만 돌려주는 것이라고 하였다.

이런 경우를 당하매 또다시 실망감이 머리를 짓눌렀다. 설사 국기가 건재하다하더라도, 마치 창고 가득한 다량의 곡물을 다 잃어버리고 겨우 싸라기 몇 줌만건진 것처럼, 마음이 서글프기 짝이 없을지나, 그래도 그 국기는 예사 국기가 갖는의미 외에 특별히 오랜 기간 혁명(독립운동) 투쟁에 사용하던 역사적인 의의가 있어온갖 시름을 달랠 수도 있는 대상이거늘. 오, 슬프도다. 이것 역시 회수할 길이 암담해졌고, 임시 교제용으로 이따금 쓰던 낡고 때묻은 외국기 몇 장(그나마 온전치 못한 중국기, 미국기, 영국기로 모두 7장)만 손에 쥐니, 이야말로 한심하기 짝이 없고,

또 이것들이 대관절 무슨 효용 가치가 있으랴. 그래서 처음엔 그것들을 그 자리에 놔 두고 빈손으로 나오려고 하다가, 그럴 수도 없어 억지로 가지고 나오면서, 나중에라도 좀더 찾아보라고, 광온 군에게 거듭 당부를 했다.

이상이 임시정부 문헌 보관품 분실 사건에 관한 전말이다.

이 기회에 한 가지 더 기록으로 남겨야 할 것이 있다. 이 사건과는 직접 관련이 없지만, 같은 임정의 유물 중 귀중품에 관한 것으로, 즉 임정의 공인(公印)상자 분실에 관한 것이다. 이것은 손에 들 수 있을 정도로 작은 상자인데, 6·25사변 전에는 내 손수 보관하고 있다가, 사변 때 피난을 하기 위해 서울을 떠나면서 당시 혜화동에 살고 있는, 동지며 같은 계열인 조태국(趙泰國) 군에게 맡겼다.

그 뒤 민국 32년 [* '35년'을 잘못 적은 듯. 1953년임.] 6월에 신당동에 사는 유선기(柳善基, 평상시 함께 지내던 청년 동지) 군이 내가 일시 머물고 있는 전주(全州市) 처소로 와서 보고하기를, 1·4후퇴 때 자기도 두 번째로 피난을 하게 되어, 어르신께서 맡긴 공적인 물품과 사적인 물품을 태국 군과 분담해 보관키로 하고, 임정 공인상자와 기타 물품 절반을 자기가 가지고 서울을 떠났으며, 그것들을 경기도 안성군 읍내에 사는 한 친구 집 지하에 매장하였더니, 그 뒤 기이하게도 하필이면 그 장소가 (로켓탄에) 공습을 당하여 (임시정부 국새를 비롯하여) 공인이 모두 재로 바뀌거나 부서져 버렸다고 하였다.

이 말을 듣는 순간 느꼈던 그때의 상심을 결코 잊지 못하고 있는 나로서, 이제 또다시 이런 날벼락 같은 사변(문헌 분실)을 설상가상으로 겹쳐 당하고 보니, 무어라 지금의 이 심정을 말로 표현하기가 어렵다. 옛 역사에도 변란으로 중요한 역사문헌이 소멸된 예들이 간혹 있기는 하지만, 이런 경우는 자못 상식 밖의 드문 일이라고 인정하고 싶다. 더구나 우리 민족이 갱생의 문을 열고 앞날을 개척해 나가는 이때에, (민족)정기의 본보기로 삼을 만한 이 물품이 한결같이 흔적도 없이 사라짐은 아마도 민족의 운명이 아직도 암흑에서 맴돌게 됨을 일부 상징함이 아닌지 하여, 더욱 슬프고 두려움 섞인 비탄을 금치 못하게 된다.

따라서 잃어버린 유물 가운데서 비록 찢기고 부서진 것일지언정 단 한 조각이나마 이 세상 어느 한 구석에 남아 있어, 다행히도 하늘이 도와 불행한 시기에 되찾을 수 있다면, 그것은 마치 용의 비늘과 봉황의 발톱과 같은 상서로운 물건을 얻은 것처럼, 우리 민족에게 위로와 기쁨이 될 것이거늘…! 나는 한 가닥 남은 앞날의 희망으로 그리 되기만을 빌어 마지않는다.

대한민국 기원 35년 (1953년) 10월
조경한, 삼가 눈물로 적다.

　　(김승학 지은 '한국독립사' 363쪽부터 366쪽에는, 대한민국 임시정부 국무위원이었던 조경한(趙擎韓 1900~1993) 님이 1953년 10월에 쓴 '大韓民國前 臨時政府 文獻 被災顚末記'가 실려 있는데, 그것을 여기에 옮겼다. 다만 어려운 한자말이나 옛말투는 요즘 말로 맞춤법에 따라 고쳐 적고, 이따금 도움말을 괄호 안에 보탰다. ─이봉원)

대한민국 임시정부 독립운동가 유언

박은식 (대한민국 임시정부 제2대 대통령 / 1859−1925)

"동포여, 조국 독립을 쟁취하는 최후 목적을 달성하기 위해선 반드시 단결부터 해야 합니다."

이상룡 (대한민국 임시정부 국무령 / 1858−1932)

"내 간 뒤라도 한국 땅이 되기 전에는 유해를 고향으로 가져가지 말라. 어느 때라도 광복 성공이 되거든 유지에나마 싸다가 조상 발치에 묻어라."

김 구 (대한민국 임시정부 주석 / 1876−1949)

"현실의 진리는 민족마다 최선의 국가를 이루어 최선의 문화를 낳아 길러서 다른 민족과 서로 바꾸고 서로 돕는 일이다. 이것이 내가 믿고 있는 민주주의요, 이것이 인류의 현 단계에서는 가장 확실한 진리이다." <'나의 소원'에서>

김규식 (대한민국 임시정부 부주석 / 1881−1950)

"민족의 독립과 통일을 위해서 서로 화해하고 화합하고 합작해야 한다. 우리나라는 강대국으로 둘러싸인 지정학적 조건으로 해서 좌도 우도 아닌 중간 노선, 중립 노선을 확고히 견지해야만 나라의 진정한 독립도 보장하고 통일도 이룩할 수 있다."

안창호 (대한민국 임시정부 국무위원 / 1878−1938)

"나는 죽음의 공포가 없소. … 나는 죽으려니와 내 사랑하는 동포들이 그렇게 많은 괴로움을 당하니 미안하고 마음이 아프오. 일본은 자기 힘에 지나치는 큰 전쟁을 시작했으니 필경 이 전쟁으로 패망하오. 어떤 곤란이 있더라도 인내하시오. … 낙심 마오."

조소앙 (대한민국 임시정부 국무위원 / 1887−1958)

"독립과 통일의 제단에 나를 바쳤다고 후세에 전해 주오. … 삼균주의 노선의 계승자도 보지 못하고 갈 것 같아 못내 아쉽구나. 그 이념과 사상을 후세에 전해 줄 것을 바라오."

조완구 (대한민국 임시정부 국무위원 / 1881−1954)

"우리 한독당을 지켜다오. 당 간판을 보지 못하고 가는 것이 한이야. 통일을 못 보고 가는 것이 한이야."

차리석 (대한민국 임시정부 국무위원 / 1881−1945)

(부인에게) "나는 조국이 광복해도 못 가 보고 죽게 될 것 같소. 당신에게 어린 자식을 맡기고 짐만 지운 채 떠나가니 미안하오. 귀국하면 정부든 누구든 당신을 도와 줄 것이니, 아이 키우는 데는 문제가 없을 것이오. 아, 아직도 할 일이 태산 같은데…!"

박찬익 (대한민국 임시정부 국무위원 / 1884−1949)

"나는 평생을 두고 내가 한 일을 남에게 알리려 하지 않았고, 또한 알아 주기를 원하지도 않았다. 그저 난 감투를 쓰고 싶다거나 출세를 하고 싶다거나 하는 생각은 전혀 가져 보지 못했다. 내가 할 수 있는 일이라면 아무리 어렵더라도 무엇이든지 할 뿐이었지. … 그저 주춧돌이 되고 싶었다."

류동열 (대한민국 임시정부 국무위원 / 1879−1950)

"통일을 못 보고 가는 것이 한이야, 한…! 먼저 가서 미안해. 꼭 통일을 해야 해. 우리 자식놈들에게 이런 말을 남기고 갔다고 전해 줘."

최동오 (대한민국 임시정부 국무위원 / 1892−1963)

"내 아들에게 전해 주게. 나라와 민족을 배반하는 길은 절대로 걷지 말라고. 내가 통일을 위해 일생을 바쳤는데, 통일을 못 보고 죽으니 내 의지를 이어 싸워 달라고 말이네."

윤기섭 (대한민국 임시의정원 의장 / 1881−1959)

"갈라진 조국을 후세에게 물려주게 돼 죄가 크오. 칠십 평생 모든 것을 나라의 독립과 통일의 제단에 바쳤건만…! 남쪽에 있는 처자식이 보고 싶구나, 살아들이나 있는지…!"

김창숙 (대한민국 임시의정원 의원 / 1879−1962)

"내가 하고 싶지 않은 창씨를 강요하여 동화토록 몰아붙이면, 이는 강권이다. 강권은 비록 겁나지만, 나는 이미 늙고 병들어서 죽을 날이 멀지 않았다. 죽더라도 결코 응하지 않을 것이다."

엄항섭 (대한민국 임시의정원 의원 / 1898−1962)

"내가 일 욕심이 많아 그 동안 여러 사람과 다툰 것이 후회되오. 통일을 못 보고 먼저 가게 돼 억울하오. 통일의 제단에 한 줌 흙으로 바치고 싶소."

이청천 (한국광복군 총사령 / 1888−1957 *일명 지청천, 본명 지대형)

"대전자령의 공격은 이천만 대한 인민을 위해서 원수를 갚는 것이다. 총알 한 개 한 개가 우리 조상의 수천 수만의 영혼이 보우하여 주는 피의 사자이니, 제군들은 단군의 아들로서 굳세게 용감히 모든 것을 희생하고 만대 자손을 위해 최후까지 싸워라." <대전자령 대첩에 앞서 한국독립군 장병들에게>

한성수 (한국광복군 제3지대원 / 1921− 1945)

"나는 한국인이다. 너희는 일어를 국어라 하지만 나의 국어는 아니고 원수의 말이다. 나의 국어는 오직 한국말일 뿐이다." <일본 군법회의장에서>
  * 중국 난징형무소에서 처형 순국

이봉창 (한인애국단 / 1901−1932)

(거사를 위해 도쿄로 떠나며 백범에게) "저는 영원한 쾌락을 향유코자 이 길을 떠나는 터이니, 우리 두 사람이 기쁜 얼굴로 사진을 찍으십시다."
  * 일본 이치가야 형무소에서 처형 순국

윤봉길 (한인애국단 / 1908−1932)

(두 아들에게) "너희도 만일 피가 있고 뼈가 있다면 반드시 조선을 위해 용감한 투사가 되거라. 태극의 깃발을 높이 드날리고, 나의 빈 무덤 앞에 찾아와 한 잔의 술을 부어 놓아라. 그리고 너희들은 아비 없음을 슬퍼하지 말라, 사랑하는 어머니가 있으니 ……." * 일본 가나자와 육군형무소에서 처형 순국

나 의 소 원

민족국가

"네 소원이 무엇이냐?" 하고 하나님이 물으시면,

나는 서슴지 않고

"내 소원은 대한 독립이오." 하고, 대답할 것이다.

"그 다음 소원은 무엇이냐?" 하면, 나는 또

"우리나라의 독립이오." 할 것이요, 또

"그 다음 소원이 무엇이냐?" 하는 셋째 번 물음에도,

나는 더욱 소리를 높여서

"나의 소원은 우리나라 대한의 완전한 자주독립이오." 하고

대답할 것이다.

동포 여러분!

　나 김구의 소원은 이것 하나밖에는 없다. 내 과거의 70 평생을 이 소원을 위해 살아왔고, 현재에도 이 소원 때문에 살고 있고, 미래에도 나는 이 소원을 달하려고 살 것이다. 독립이 없는 백성으로 70평생에 설움과 부끄러움과 애탐을 받은 나에게는 세상에 가장 좋은 것이 완전하게 자주독립한 나라의 백성으로 살아 보다가 죽는 일이다. 나는 일찍이 우리 독립 정부의 문지기가 되기를 원했거니와, 그것은 우리나

라가 독립국만 되면 나는 그 나라에 가장 미천한 자가 되어도 좋다는 뜻이다. 왜 그런고 하면, 독립한 제 나라의 빈천이 남의 밑에 사는 부귀보다 기쁘고, 영광스럽고, 희망이 많기 때문이다.

옛날 일본에 갔던 박제상(朴堤上)이, "내 차라리 계림(鷄林)의 개 돼지가 될지언정 왜왕(倭王)의 신하로 부귀를 누리지 않겠다." 한 것이 그의 진정이었던 것을 나는 안다. 제상은 왜왕이 높은 벼슬과 많은 재물을 준다는 것도 물리치고 달게 죽임을 받았으니, 그것은 "차라리 내 나라의 귀신이 되리라." 함에서였다.

근래 우리 동포 중에는 우리나라를 어느 이웃나라의 연방에 편입하기를 소원하는 자가 있다 하니, 나는 그 말을 차마 믿으려 아니하거니와 만일 진실로 그러한 자가 있다 하면, 그는 제 정신을 잃은 미친놈이라고밖에 볼 길이 없다. 나는 공자·석가·예수의 도를 배웠고 그들을 성인으로 숭배하거니와, 그들이 합하여서 세운 천당·극락이 있다 하더라도 그것이 우리 민족이 세운 나라가 아닐진대, 우리 민족을 그 나라로 끌고 들어가지 아니할 것이다. 왜 그런고 하면, 피와 역사를 같이하는 민족이란 완연히 있는 것이어서 내 몸이 남의 몸이 못 됨과 같이 이 민족이 저 민족이 될 수 없는 것은, 마치 형제도 한 집에서 살기에 어려움이 있는 것과 같은 것이다. 둘 이상이 합하여서 하나가 되자면 하나는 높고 하나는 낮아서, 하나는 위에 있어서 명령하고 하나는 밑에 있어서 복종하는 것이 근본 문제가 되는 것이다.

이에 대하여 일부 소위 좌익의 무리는 혈통의 조국을 부인하고 소위 사상의 조국을 운운하며, 혈족의 동포를 무시하고 소위 사상의 동무와 프롤레타리아트의 국제적 계급을 주장하여, 민족주의라면 마치 이미 진리권 외에 떨어진 생각인 것같이 말하고 있다. 심히 어리석은 생각이다. 철학도 변하고 정치·경제의 학설도 일시적이어니와 민족의 혈통은 영구적이다. 일찍이 어느 민족 안에서나 종교로, 혹은 학설로, 혹은 경제적·정치적 이해의 충돌로 두 파 세 파로 갈려서 피로써 싸운 일이 없는 민족이 없거니와, 지내어 놓고 보면 그것은 바람과 같이 지나가는 일시적인 것이요, 민족은 필경 바람 잔 뒤의 초목 모양으로 뿌리와 가지를 서로 걸고 한 수풀을 이루어 살고 있다. 오늘날 소위 좌우익이란 것도 결국 영원한 혈통의 바다에 일어나는 일시적인 풍파에 불과하다는 것을 잊어서는 아니 된다.

이 모양으로 모든 사상도 가고 신앙도 변한다. 그러나 혈통적인 민족만은 영원히 성쇠흥망의 공동 운명의 인연에 얽힌 한 몸으로 이 땅 위에 남는 것이다. 세계 인류가 네요 내요 없이 한 집이 되어 사는 것은 좋은 일이요, 인류의 최고요 최후인 희망이요 이상이다. 그러나 이것은 멀고 먼 장래에 바랄 것이요 현실의 일은 아니다. 사해동포(四海同胞)의 크고 아름다운 목표를 향하여 인류가 향상하고 전진하는 노력을 하는 것은 좋은 일이요 마땅히 할 일이나, 이것도 현실을 떠나서는 안 되는 일이니, 현실의 진리는 민족마다 최선의 국가를 이루어 최선의 문화를 낳아 길러서 다른 민족과 서로 바꾸고 서로 돕는 일이다. 이것이 내가 믿고 있는 민주주의요, 이것이 인류의 현 단계에서는 가장 확실한 진리다. 그러므로 우리 민족으로서 하여야 할 최고의 임무는, 첫째로 남의 절제도 아니 받고 남에게 의뢰도 아니하는 완전한 자주독립의 나라를 세우는 일이다. 이것이 없이는 우리 민족의 생활을 보장할 수 없을 뿐더러, 우리 민족의 정신력을 자유로 발휘하여 빛나는 문화를 세울 수가 없기 때문이다. 이렇게 완전 자주독립의 나라를 세운 뒤에는, 둘째로 이 지구상의 인류가 진정한 평화와 복락을 누릴 수 있는 사상을 낳아 그것을 먼저 우리나라에 실현하는 것이다. 나는 오늘날의 인류의 문화가 불완전함을 안다. 나라마다 안으로는 정치상 · 경제상 · 사회상으로 불평등 · 불합리가 있고, 밖으로 국제적으로는 나라와 나라의, 민족과 민족의 시기 · 알력 · 침략 그리고 그 침략에 대한 보복으로 작고 큰 전쟁이 그칠 사이가 없어서, 많은 생명과 재물을 희생하고도 좋은 일이 오는 것이 아니라 인심의 불안과 도덕의 타락은 갈수록 더하니, 이래 가지고는 전쟁이 그칠 날이 없어 인류는 마침내 멸망하고 말 것이다.

그러므로 인류 세계에는 새로운 생활 원리의 발견과 실천이 필요하게 되었다. 이야말로 우리 민족이 담당한 천직이라고 믿는다. 이러하므로 우리 민족의 독립이란 결코 삼천리 삼천만의 일이 아니라 진실로 세계 전체의 운명에 관한 일이요, 그러므로 우리나라의 독립을 위하여 일하는 것이 곧 인류를 위하여 일하는 것이다.

만일 우리의 오늘날 형편이 초라한 것을 보고 자굴지심(自屈之心)을 발하여, 우리가 세우는 나라가 그처럼 위대한 일을 할 것을 의심한다면 그것은 스스로 모욕하는 일이다. 우리 민족의 지나간 역사가 빛나지 아니함이 아니나 그것은 아직 서곡이었다. 우리가 주연배우로 세계 역사의 무대에 나서는 것은 오늘 이후다. 삼천만의 우리 민족이 옛날의 그리스 민족이나 로마 민족이 한 일을 못 한다고 생각할 수 있겠는가. 내가 원하는 우리 민족의 사업은 결코 세계를 무력으로 정복하거나 경제력으로 지배하려는 것이 아니다. 오직 사랑의 문화, 평화의 문화로 우리 스스로 잘 살고 인류 전체가 의좋게 즐겁게 살도록 하는 일을 하자는 것이다. 어느 민족도 일찍이 그러한 일을 한 이가 없었으니 그것은 공상이라고 하지 말라. 일찍이 아무도 한 자가 없길래 우리가 하자는 것이다. 이 큰 일은 하늘이 우리를 위하여 남겨 놓으신 것임을 깨달을 때에 우리 민족은 비로소 제 길을 찾고 제 일을 알아본 것이다.

나는 우리나라의 청년남녀가 모두 과거의 조그맣고 좁다란 생각을 버리고, 우리 민족의 큰 사명에 눈을 떠서 제 마음을 닦고 제 힘을 기르기로 낙을 삼기를 바란다. 젊은 사람들이 모두 이 정신을 가지고 이 방향으로 힘을 쓸진대 30년이 못하여 우리 민족은 괄목상대(刮目相對)하게 될 것을 나는 확신하는 바이다.

정치 이념

나의 정치 이념은 한 마디로 표시하면 자유다. 우리가 세우는 나라는 자유의 나라라야 한다.

자유란 무엇인가? 절대로 각 개인이 제멋대로 사는 것을 자유라 하면 이것은 나라가 생기기 전이나, 저 레닌의 말 모양으로 나라가 소멸된 뒤에나 있는 일이다. 국가생활을 하는 인류에게는 이러한 무조건의 자유는 없다. 왜 그런고 하면, 국가란 일종의 규범의 속박이기 때문이다. 국가생활을 하는 우리를 속박하는 것은 법이다. 개인의 생활이 국법에 속박되는 것은 자유 있는 나라나 자유 없는 나라나 마찬가지다. 자유와 자유 아님이 갈리는 것은 개인의 자유를 속박하는 법이 어디서 오느냐 하는 데 달렸다. 자유 있는 나라의 법은 국민의 자유로운 의사에서 오고, 자유 없는 나라의 법은 국민 중의 어떤 일개인, 또는 일계급에서 온다. 일개인에서 오는 것을 전제 또는 독재라 하고, 일계급에서 오는 것을 계급독재라 하고 통칭 파쇼라고 한다.

나는 우리나라가 독재의 나라가 되기를 원치 아니한다. 독재의 나라에서는 정권에 참여하는 계급 하나를 제외하고는 다른 국민은 노예가 되고 마는 것이다. 독재 중에서 가장 무서운 독재는 어떤 주의, 즉 철학을 기초로 하는 계급 독재다. 군주나 기타 개인 독재자의 독재는 그 개인만 제거되면 그만이어니와, 다수의 개인으로 조직된 한 계급이 독재의 주체일 때에는 이것을 제거하기는 심히 어려운 것이니, 이러한 독재는 그보다도 큰 조직의 힘이거나 국제적 압력이 아니고는 깨뜨리기 어려운 것이다.

우리나라의 양반 정치도 일종의 계급 독재이어니와 이것은 수백 년 계속하였다. 이탈리아의 파시스트, 독일의 나치스의 일은 누구나 다 아는 일이다. 그러나 모든 계급 독재 중에도 가장 무서운 것은 철학을 기초로 한 계급 독재다. 수백 년 동안 이조 조선에 행하여 온 계급 독재는 유교, 그 중에도 주자학파의 철학을 기초로 한 것이어서, 다만 정치에 있어서만 독재가 아니라 사상·학문·사회생활·가정생활·개인생활까지도 규정하는 독재였다. 이 독재정치 밑에서 우리 민족의 문화는 소멸되고 원기는 마멸된 것이다. 주자학 이외의 학문은 발달하지 못하니 이 영향은 예술·경제·산업에까지 미치었다. 우리나라가 망하고 민력이 쇠잔하게 된 가장 큰 원인이 실로 여기 있었다. 왜 그런고 하면 국민의 머리 속에 아무리 좋은 사상과 경륜이 생기더라도 그가 집권계급의 사람이 아닌 이상, 또 그것이 사문난적(斯文亂賊)이라는 범주 밖에 나지 않는 이상 세상에 발표되지 못하기 때문이었다. 이 때문에 싹이 트려다가 눌려 죽은 새 사상, 싹도 트지 못하고 밟혀 버린 경륜이 얼마나 많았을까. 언론의 자유가 얼마나 중요한 것임을 통감하지 아니할 수 없다. 오직 언론의 자유가 있는 나라에만 진보가 있는 것이다.

시방 공산당이 주장하는 소련식 민주주의란 것은 이러한 독재정치 중에도 가장 철저한 것이어서 독재정치의 모든 특징을 극단으로 발휘하고 있다. 즉 헤겔에게서 받은 변증법, 포이에르바하의 유물론 이 두 가지와, 아담 스미드의 노동가치론을 가미한 마르크스의 학설을 최후의 것으로 믿어, 공산당과 소련의 법률과 군대와 경찰의 힘을 한데 모아서 마르크스의 학설에 일점일획(一点一劃)이라도 반대는 고사하고 비판만 하는 것도 엄금하여 이에 위반하는 자는 죽음의 숙청으로써 대하니, 이는 옛날에 조선의 사문난적에 대한 것 이상이다. 만일 이러한 정치가 세계에 퍼진다면 전 인류의 사상은 마르크스주의 하나로 통일될 법도 하거니와, 설사 그렇게 통일이 된다 하더라도 그것이 불행히 잘못된 이론일진대, 그런 큰 인류의 불행은 없을 것이다. 그런데 마르크스 학설의 기초인 헤겔의 변증법 이론이란 것이 이미 여러 학자의 비판으로 말미암아 전면적 진리가 아닌 것이 알려지지 아니하였는가. 자연계의 변천이 변증법에 의하지 아니함은 뉴튼·아인슈타인 등 모든 과학자들의 학설을 보아서 분명하다.

그러므로 어느 한 학설을 표준으로 하여서 국민의 사상을 속박하는 것은 어느 한 종교를 국교로 정하여서 국민의 신앙을 강제하는 것과 마찬가지로 옳지 아니한 일이다. 산에 한 가지 나무만 나지 아니하고, 들에 한 가지 꽃만 피지 아니한다. 여러 가지 나무가 어울려서 위대한 삼림의 아름다움을 이루고 백 가지 꽃이 섞여 피어서 봄들의 풍성한 경치를 이루는 것이다. 우리가 세우는 나라에는 유교도 성하고, 불교도 예수교도 자유로 발달하고, 또 철학을 보더라도 인류의 위대한 사상이 다 들어와서 꽃이 피고 열매를 맺게 할 것이니, 이러하고야만 비로소 자유의 나라라 할 것이요, 이러한 자유의 나라에서만 인류의 가장 크고 가장 높은 문화가 발생할 것이다.

나는 노자(老子)의 무위(無爲)를 그대로 믿는 자는 아니어니와, 정치에 있어서 너무 인공을 가하는 것을 옳지 않게 생각하는 자이다. 대개 사람이란 전지전능할 수가 없고 학설이란 완전무결할 수 없는 것이므로, 한 사람의 생각, 한 학설의 원리로 국민을 통제하는 것은 일시 속한 진보를 보이는 듯하더라도 필경은 병통이 생겨서 그야말로 변증법적인 폭력의 혁명을 부르게 되는 것이다. 모든 생물에는 다 환경에 순응하여 저를 보존하는 본능이 있으므로 가장 좋은 길은 가만히 두는 것이다. 작은 꾀로 자주 건드리면 이익보다도 해가 많다. 개인생활에 너무 잘게 간섭하는 것은 결코 좋은 정치가 아니다. 국민은 군대의 병정도 아니요, 감옥의 죄수도 아니다. 한 사람 또 몇 사람의 호령으로 끌고 가는 것이 극히 부자연하고 또 위태한 일인 것은, 파시스트 이탈리아와 나치스 독일이 불행하게도 가장 잘 증명하고 있지 아니한가.

미국은 이러한 독재국에 비겨서는 심히 통일이 무력한 것 같고 일의 진행이 느린 듯하여도, 그 결과로 보건대 가장 큰 힘을 발하고 있으니 이것은 그 나라의 민주주의 정치의 효과이다. 무슨 일을 의논할 때에 처음에는 백성들이 저마다 제 의견을 발표하여서 훤훤효효(喧喧嚣嚣)하여 귀일(歸一)할 바를 모르는 것 같지만, 갑론을박(甲論乙駁)으로 서로 토론하는 동안에 의견이 차차 정리되어서 마침내 두어 큰 진영으로 포섭되었다가, 다시 다수결의 방법으로 한 결론에 달하여 국회의 결의가 되고, 원수의 결재를 얻어 법률이 이루어지면, 이에 국민의 의사가 결정되어 요지부동하게 되는 것이다. 이 모양으로 민주주의란 국민의 의사를 알아보는 한 절차 또는 방식이요, 그 내용은 아니다. 즉 언론의 자유, 투표의 자유, 다수결에 복종, 이 세 가지가 곧 민주주의이다. 국론(國論), 즉 국민의 의사의 내용은 그때 그때의 국민의 언론전으로 결정되는 것이어서, 어느 개인이나 당파의 특정한 철학적 이론에 좌우되는 것이 아님이 미국식 민주주의의 특색이다. 다시 말하면 언론·투표·다수결 복종이라는 절차만 밟으면 어떠한 철학에 기초한 법률도 정책도 만들 수 있으니, 이것을 제한하는 것은 오직 그 헌법의 조문뿐이다. 그런데 헌법도 결코 독재국의 그것과 같이 신성불가침의 것이 아니라, 민주주의의 절차로 개정할 수가 있는 것이니, 이러므로 민주, 즉 백성이 나라의 주권자라 하는 것이다. 이러한 나라에서 국론을 움직이려면 그 중에서 어떤 개인이나 당파를 움직여서 되지 아니하고, 그 나라 국민의 의견을 움직여서 된다.

백성들의 작은 의견은 이해관계로 결정되거니와, 큰 의견은 그 국민성과 신앙과 철학으로 결정된다. 여기서 문화와 교육의 중요성이 생긴다. 국민성을 보존하는 것이나 수정하고 향상하는 것이 문화와 교육의 힘이요, 산업의 방향도 문화와 교육으로 결정됨이 큰 까닭이다. 교육이란 결코 생활의 기술을 가르치는 것만을 의미하는 것이 아니다. 교육의 기초가 되는 것은 우주와 인생과 정치에 대한 철학이다. 어떠한 철학의 기초 위에, 어떠한 생활의 기술을 가르치는 것이 곧 국민교육이다. 그러므로 좋은 민주주의의 정치는 좋은 교육에서 시작될 것이다. 건전한 철학의 기초 위에 서지 아니한 지식과 기술의 교육은 그 개인과 그를 포함한 국가에 해가 된다. 인류 전체를 보아도 그러하다.

이상에 말한 것으로 내 정치 이념이 대강 짐작될 것이다. 나는 어떠한 의미로든지 독재정치를 배격한다. 나는 우리 동포를 향하여서 부르짖는다. 결코 독재정치가 아니 되도록 조심하라고, 우리 동포 각 개인이 십분의 언론 자유를 누려서 국민 전체의 의견대로 되는 정치를 하는 나라를 건설하자고, 일부 당파나 어떤 한 계급의 철학으로 다른 다수를 강제함이 없고, 또 현재의 우리들의 이론으로 우리 자손의 사상과 신앙의 자유를 속박함이 없는 나라, 천지와 같이 넓고 자유로운 나라, 그러면서도 사랑의 덕과 법의 질서가 우주 자연의 법칙과 같이 준수되는 나라가 되도록 우리나라를 건설하자고. 그렇다고 나는 미국의 민주주의 제도를 그대로 직역하자는 것은 아니다. 다만 소련의 독재적인 민주주의에 대하여 미국의 언론 자유적인 민주주의를 비교하여서 그 가치를 판단하였을 뿐이다. 둘 중에서 하나를 택한다면 사상과 언론의 자유를 기초로 한 자를 취한다는 말이다.

나는 미국의 민주주의 정치 제도가 반드시 최후적인 완성된 것이라고는 생각지 아니한다. 인생의 어느 부분이나 다 그러함과 같이 정치 형태에 있어서도 무한한 창조적 진화가 있을 것이다. 더구나 우리나라와 같이 반만년 이래로 여러 가지 국가 형태를 경험한 나라에는 결점도 많으려니와, 교묘하게 발달된 정치 제도도 없지 아니할 것이다. 가까이 이조시대로 보더라도 홍문관(弘文館)·사간원(司諫院)·사헌부(司憲府) 같은 것은 국민 중에 현인(賢人)의 의사를 국정에 반영하는 제도로 멋있는 제도요, 과거제도와 암행어사 같은 것도 연구할 만한 제도다. 역대의 정치 제도를 상고하면 반드시 쓸 만한 것도 많으리라고 믿는다. 이렇게 남의 나라의 좋은 것을 취하고, 내 나라의 좋은 것을 골라서 우리나라에 독특한 좋은 제도를 만드는 것도 세계의 문운(文運)에 보태는 일이다.

내가 원하는 우리나라

나는 우리나라가 세계에서 가장 아름다운 나라가 되기를 원한다. 가장 부강한 나라가 되기를 원하는 것은 아니다. 내가 남의 침략에 가슴이 아팠으니, 내 나라가 남을 침략하는 것을 원치 아니한다. 우리의 부력(富力)은 우리의 생활을 풍족히 할 만하고, 우리의 강력(强力)은 남의 침략을 막을 만하면 족하다. 오직 한없이 가지고 싶은 것은 높은 문화의 힘이다. 문화의 힘은 우리 자신을 행복하게 하고, 나아가서 남에게 행복을 주겠기 때문이다. 지금 인류에게 부족한 것은 무력도 아니오, 경제력도 아니다. 자연과학의 힘은 아무리 많아도 좋으나, 인류 전체로 보면 현재의 자연과학만 가지고도 편안히 살아가기에 넉넉하다.

인류가 현재에 불행한 근본 이유는 인의(仁義)가 부족하고, 자비가 부족하고, 사랑이 부족한 때문이다. 이 마음만 발달이 되면 현재의 물질력으로 20억이 다 편안히 살아갈 수 있을 것이다. 인류의 이 정신을 배양하는 것은 오직 문화이다. 나는 우리나라가 남의 것을 모방하는 나라가 되지 말고, 이러한 높고 새로운 문화의 근원이 되고, 목표가 되고, 모범이 되기를 원한다. 그래서 진정한 세계의 평화가 우리나라에서, 우리나라로 말미암아서 세계에 실현되기를 원한다.

홍익인간(弘益人間)이라는 우리 국조(國祖) 단군의 이상이 이것이라고 믿는다. 또 우리 민족의 재주와 정신과 과거의 단련이 이 사명을 달하기에 넉넉하고, 국토의 위치와 기타의 지리적 조건이 그러하며, 또 1차 2차 세계대전을 치른 인류의 요구가 그러하며, 이러한 시대에 새로 나라를 고쳐 세우는 우리의 서 있는 시기가 그러하다고 믿는다. 우리 민족이 주연배우로 세계의 무대에 등장할 날이 눈앞에 보이지 아니하는가. 이 일을 하기 위하여 우리가 할 일은 사상의 자유를 확보하는 정치 양식의 건립과 국민교육의 완비다. 내가 위에서 자유의 나라를 강조하고, 교육의 중요성을 말한 것이 이 때문이다. 최고 문화 건설의 사명을 달할 민족은 일언이 폐지하면, 모두 성인(聖人)을 만드는 데 있다. 대한(大韓)사람이라면 간 데마다 신용을 받고 대접을 받아야 한다.

우리의 적이 우리를 누르고 있을 때에는 미워하고 분해하는 살벌·투쟁의 정신을 길렀었거니와, 적은 이미 물러갔으니 우리는 증오의 투쟁을 버리고 화합의 건설을 일삼을 때다. 집안이 불화하면 망하고, 나라 안이 갈려서 싸우면 망한다. 동포간의 증오와 투쟁은 망조다. 우리의 용모에서는 화기가 빛나야 한다. 우리 국토 안에는 언제나 춘풍(春風)이 태탕(鈸蕩)하여야 한다. 이것은 우리 국민 각자가 한번 마음을 고쳐먹음으로써 되고, 그러한 정신의 교육으로 영속될 것이다. 최고 문화로 인류의 모범이 되기로 사명을 삼는 우리 민족의 각원(各員)은 이기적 개인주의자여서는 안 된다. 우리는 개인의 자유를 극도로 주장하되, 그것은 저 짐승들과 같이 저마다 제 배를 채우기에 쓰는 자유가 아니요, 제 가족을, 제 이웃을, 제 국민을 잘 살게 하기에 쓰이는 자유다. 공원의 꽃을 꺾는 자유가 아니라 공원에 꽃을 심는 자유다. 우리는 남의 것을 빼앗거나 남의 덕을 입으려는 사람이 아니라, 가족에게, 이웃에게, 동포에게 주는 것으로 낙을 삼는 사람이다. 우리 말에 이른바 선비요 점잖은 사람이다. 그러므로 우리는 게으르지 아니하고 부지런하다. 사랑하는 처자를 가진 가장은 부지런할 수밖에 없다. 한없이 주기 위함이다. 힘드는 일은 내가 앞서 하니 사랑하는 동포를 아낌이요, 즐거운 것은 남에게 권하니 사랑하는 자를 위하기 때문이다. 우리 조상네가 좋아하던 인후지덕(仁厚之德)이란 것이다.

이러함으로써 우리나라의 산에는 삼림이 무성하고 들에는 오곡백과가 풍성하며, 촌락과 도시는 깨끗하고 풍성하고 화평한 것이다. 그리하여 우리 동포, 즉 대한사람은 남자나 여자나 얼굴에는 항상 화기가 있고, 몸에서는 덕의 향기를 발할 것이다. 이러한 나라는 불행하려 하여도 불행할 수 없고, 망하려 하여도 망할 수 없는 것이다. 민족의 행복은 결코 계급투쟁에서 오는 것도 아니요, 개인의 행복이 이기심에서 오는 것이 아니다. 계급투쟁은 끝없는 계급투쟁을 낳아서 국토의 피가 마를 날이 없고, 내가 이기심으로 남을 해하면 천하가 이기심으로 나를 해할 것이니, 이것은 조금 얻고 많이 빼앗기는 법이다. 일본의 이번 당한 보복은 국제적·민족적으로도 그러함을 증명하는 가장 좋은 실례다. 이상에 말한 것은 내가 바라는 새 나라의 용모의 일단을 그린 것이어니와,

동포 여러분! 이러한 나라가 될진대 얼마나 좋겠는가. 우리네 자손을 이러한 나라에 남기고 가면 얼마나 만족하겠는가. 옛날 한토(漢土)의 기자(箕子)가 우리나라를 사모하여 왔고, 공자(孔子)께서도 우리 민족이 사는 데 오고 싶다고 하셨으며, 우리 민족을 인(仁)을 좋아하는 민족이라 하였으니, 옛날에도 그러하였거니와, 앞으로는 세계 인류가 모두 우리 민족의 문화를 이렇게 사모하도록 하지 아니하려는가. 나는 우리의 힘으로, 특히 교육의 힘으로 반드시 이 일이 이루어질 것을 믿는다. 우리나라의 젊은 남녀가 다 이 마음을 가질진대 아니 이루어지고 어찌하랴!

나도 일찍이 황해도에서 교육에 종사하였거니와 내가 교육에서 바라던 것이 이것이었다. 내 나이 이제 70이 넘었으니, 직접 국민교육에 종사할 시일이 넉넉지 못하거니와, 나는 천하의 교육자와 남녀 학도들이 한번 크게 마음을 고쳐먹기를 빌지 아니할 수 없다.

1947년
새문 밖에서

중국 내 독립운동 유적지 실태 조사

이 봉 원 (기록영화 제작가)

머리말

발제자께서 작성하신 <국내외 독립운동 유적지의 실태와 보존 방안>에 대한 원고를 감명 깊게 잘 읽었습니다. 특히, "독립운동 유적이나 유물도 근대 문화재로 지정해 문화재 관리 차원에서 엄격하게 관리해야 하고, 독립기념관 안에 국내외 유적을 묶어서 조사하고 관리하는 팀을 신설할 필요가 있다."고 하신 점에 전적으로 공감합니다.

또한, "독립운동 유적지 기념 사업을 함에 앞서 무엇보다도 정확한 현장 조사가 선행돼야 하고, 이미 조사된 곳이라 하더라도 미흡하거나 수정되어야 할 경우에는 추가 조사 작업을 해야 한다."고 언급하신 점에도 전적으로 동의합니다.

그래서 저는 바로 이 문제, 잘못 지정됐거나 조사가 미흡한 독립운동 유적지들은 실제 유적지가 훼손되거나 영원히 사라지기 전에, 정부 차원에서 신속히 재조사를 벌여야 한다는 점을 강조하는 뜻에서, 몇 가지 사례와 함께 그에 대한 제 의견을 말씀 드리고자 합니다.

저는 이 방면의 전공자가 아닙니다. 방송작가이고 다큐멘터리 제작가일 뿐입니다. 제가 중국 땅에 처음 발을 들여놓기로는, 우리나라가 중국과 수교한 직후였습니다. (TV 드라마 한중 합작 촬영에 집필 작가로 참여, 1992년 9월 24일부터 32일간) 그때 저는 일제가 우리 땅을 강점하던 시기에 대한의 망명정부가 중국 땅에 있었다는 것을 떠올렸고, 그것이 계기가 돼, 이후 대한민국 임시정부의 27년 역사와 중국 안에서 임시정부가 이동한 경로에 관심을 갖게 됐습니다. 그러다 보니 노정이 험난한 현지를 여러 차례 답사하게 됐습니다.

아래는 '임시정부 유적지 답사 목적으로만 떠났던' 저의 중국 여행 기록입니다.

[1차 답사] 1994. 4. 5. ─ 4. 27. (23일 간)
북경→서안→중경→귀양→유주→광주→장사→남경→소주→항주→가흥→상해

[2차 답사] 1998. 10. 7. ─ 10. 17. (11일 간, 노광복군들과 함께)
북경→서주→고진→숙주→부양→임천→서안→중경→상해

[3차 답사] 1999. 3. 4. ─ 4. 15. (45일 간)
북경→서안→상해→가흥→해염→항주→남경→진강→구강→무한→장사→광주→오주→유주 →귀양→준의→기강→중경→북경→대련

[4차 답사] 2007. 1. 17. ─ 1. 24. (8일 간, 언론사 기자와 함께)
장사→중경→기강→상해→부양→무한→북경

이렇게 여러 차례 중국 땅을 헤짚고 다니다 보니 본의 아니게도 임시정부와 관련한 유적지를 반세기 만에 처음 찾는 한국인이 되기도 했고, 임시정부와 함께 했던 생존 지사님들의 증언과 현장 확인 조사를 통해 다행스럽게도 몇 군데 중요한 유적지를 제가 처음 찾아내기도 했습니다.

그러나 해마다 하나씩 둘씩 사라지는 우리의 중요한 유적지를 볼 때마다 가슴이 미어졌습니다. 중국 역시 도시마다 재개발 바람이 무섭게 불고 있고, 우리가 중요하게 여기는 관련 건물들은 세월의 무게가 너무 커서 현재 남아 있는 것들도 언제 자취를 감출지 알 수가 없었습니다.

그래서 저는 이러한 내용들을 다큐멘터리와 소설에 담았습니다. 역사 다큐멘터리 3부작 <임시정부 27년 대륙 3만리>는 1999년 광복절에 맞춰 KBS-TV에서 방송했고, 이어 2권 짜리 장편소설 <국새>를 2006년 여름에 출간했습니다.

그런데 이상한 일은 제가 이런 내용을 담아 사회에 발표를 했지만, 유감스럽게도

정부의 관련 기관은 물론 관련 사학계에서도 냉담했습니다. 제가 전공자도 교수도 아니기 때문인 것 같았습니다.

하지만 저는 이 작품을 발표하기 위해서, 십수 년을 매달렸고, 모두 87일 동안 중국 내 26개 도시와 이동 경로를 수 차례 여행했으며, 임시정부와 함께 했던 생존 인사 35분을 만나 증언을 청취하고 녹화했습니다.

제 작품에서 처음 소개한, 중국 내 임시정부 주요 유적지들

1. 항쩌우(杭州), 임시정부 판공실이 있던 건물 '청태제2여사(淸泰第二旅社)'

   [현주소] 仁和路 22호 群英飯店

   * 항주 임정의 첫 임시판공처 (1932. 5. ─ 1932. 10.)
   * 1910년 新泰飯店으로 설립, 손문 숙박. 1933년 '청태제2여사'로 개명. 1967년 '군영반점'으로 다시 개명하여 현재에 이름.
   ▪ 1994. 4. 24. 이봉원 발견 촬영

(서울에서 자료를 통해 확보한 건물 주소가 현지에 가 보니 전혀 도움이 안 되는 잘못된 것이었다. 그래서 할 수 없이 항쩌우 시에 살고 있는 노인들을 막연히 찾아다니며, 62년 전에 이 도시에 있던 '청태제2여사'란 데를 아느냐고 물었다. 그런 중에 도시 변두리 다리 밑에서 친구들과 장기를 두던 한 노인이 그 곳을 안다고 말했다. 반가움에 곧장 '群英飯店'(여관)으로 이름이 바뀌었다는 현지로 달려갔으나, 정작 그 곳 종업원들은 '청태제2여사'에 관해 아는 바가 없었다. 그래서 몹시 허탈한 심경으로 발걸음을 돌려 막 그 곳을 나오는 순간, 저녁 햇살이 현관에 있는 커다란 유리문 짝을 비추는데, 거기에 옛 여관 이름인 '淸泰第二旅社'란 한자가 음각으로 새겨진 것이 어렴풋이 나타났다. 그때의 기분은 '아, 선열님들이 나를 이 곳으로 이끄셨고 내게 여기라고 일러 주시는구나!' 하는 것이었다.)

2. 난징(南京), 1933년 5월 김구와 장제스가 회담한 방으로 추정되는 '난징 총통부 관저 소접견실'

   [현주소] 南京煦園 內 孫中山臨時大總統辦公室

   * 장제스 총사령관 기거 (1927년 ─ 1937년)
   ▪ 1994. 4. 21. 이봉원 발견

- 1999. 3. 18. 이봉원 촬영

(한때 장제스도 사용했다는 4층 짜리 총통부 관저 건물은 1999년 3월 당시에도 난징 시가 주요 기관으로 사용하고 있어서 일반인은 출입할 수가 없었다. 5년 전 내부 진입에 한 번 실패했던 나는 이 날도 거의 포기 상태에 있었는데, 마침 그 건물에서 나오는 한 남자를 발견, 무작정 그를 붙잡고, '나는 한국에서 온 역사 연구가인데 어떻게 저길 들어갈 수 없냐?' 하고 통사정을 했다. 그랬더니 뜻밖에도 그는 자신도 바로 옆 건물에서 근무하는 역사 연구원이라면서, 내게 그 건물에 대한 역사부터 설명해 줬다. 그런 뒤에 그는 나보고 자기 뒤를 자연스럽게 따라오라며 앞장을 섰다. 건물 3층에는 큰 방을 거쳐 들어갈 수 있는 작고 고풍스러운 접견실이 있었다. 그 곳이 장제스가 사령관 시절 주로 썼던 소접견실이라고 했다. 나는 아무도 없는 방에서 정신없이 몰래 촬영을 시작했다. 그런데 갑자기 복도 쪽에서 쿵쿵거리는 발자국 소리가 나더니 복도 쪽으로 난 소접견실 문이 활짝 열렸다. 이어 직원으로 보이는 남녀 세 명이 험악한 기세로 들어왔고, 나는 연구원이 그들한테 뭐라고 얘기를 하는 사이에 얼른 밖으로 나가 줄행랑을 쳤다. 친절한 중국인 학자한테는 미안스런 일이었지만 내겐 그 귀중한 필름을 빼앗기는 불상사를 피하는 게 더욱 중요했기에 어쩔 수 없이 그렇게 행동할 수밖에 없었다.)

3. 우한(武漢), 조선의용대 창설지로 추정되는 '대공중학(私立武昌大公中學)' 자리
   [현주소] 紫陽路 省總工會處 (옛주소, 黃土坡上街)
   * "대공중학(1932년 – 1950년)에서 1938년에 혁명활동이 있었다." (1999. 3. 22. 현지 교육청에서 자료로 확인)
   * 조선민족혁명당 산하 조선의용대 창설일 (1938. 10. 10.)
   * 대공중학 터에 한때는 '무창31중학'이 자리잡고 있었는데, 2002년 도시 재개발 사업으로 학교가 폐쇄됐음. (현지 교육청 자료)
   * 김승곤 전 광복회장 증언 참고
   - 1999. 3. 22. 이봉원, 무창31중학 답사 촬영
   - 2007. 1. 22. 이봉원, 성총공회처 답사 촬영

4. 창사(長沙), 임시정부 청사 '서원북리(西園北里) 8호'
   [현주소] 北區 通泰街 西園北里 2號 湖南省交通規劃勘察設計院 西園居住小區
   * 임시정부 청사 (1937. 11. – 1938. 7.)
   * 당시 서원북리 5, 6, 7, 8호는 한 건물에 똑같은 집 네 채가 들어 있는 2층

연립주택이었음.

(서원북리 6호가 청사로 쓰였다는 기록이 있지만, 애국지사 신순호 님의 증언에 따르면 8호가 청사였다고 함. 그런데 6호나 8호나 연립주택의 일부라서 각 호의 집 모양은 똑같음.)

* 청사로 썼던 연립주택은 1997년 철거되고, 그 자리에 현재 아파트가 들어섬.

■ 1994. 4. 19. 이봉원, 청사 건물 발견 촬영

5. 시안(西安), 광복군 제2지대 병영이 있던 자리 '두곡양참(杜曲糧站)'

[현주소] 長安縣 杜曲鎭 杜曲糧站

* 1994년 4월 현지 주민들의 증언으로 확인.

* 1998년 10월에 당시 현지에서 훈련을 받았던 노광복군들을 모시고 가서 재확인

■ 1994. 4. 9. 이봉원 발견 촬영

(광복군 제2지대원이며 이범석 지대장의 부관으로 현지에서 OSS특공훈련을 받았던 김준엽 님이 쓴 자서전 '장정'에서 관련 정보와 사진을 구해 1994년 4월 현지를 방문했다. 그런데 광복군이 주둔했던 곳이라던 사진은 현지에서 찾아가 보니, 전혀 관련이 없는, 고찰 흥교사였다. 사찰 주지를 만나 면담을 했는데, 1945년에도 자신이 이 사찰에 있었는데 그때 한국사람이라곤 지나가다 들렀다는 두 남자를 본 기억밖에 없다고 했다. 그래서 허탈해진 마음에 흥교사를 나와 두곡 마을을 헤매며 주민들을 만났다. 마침, 마을 사랑방 같은 원두막에서 놀고 있는 너댓 명의 할머니를 만날 수 있었고, 그분들한테서 결정적인 증언을 들었다. "마을에 노야묘(老爺廟)라 불리는 관운장 사당이 있었어요. 지금은 양곡 수매 창고가 들어섰는데, 당시 그 곳에는 한동안 2백 명 가까운 사람들이 함께 살았지요. 미국인도 있었지만 주로 조선의 젊은이들이었어요. 가끔은 조선인 여자들도 보였고요. 그런데 그들은 동네 주민하고는 일절 말을 나누지 않았기 때문에, 우리는 그들이 그 안에서 무엇을 하는지 전혀 알 수가 없었지요." 그래서 나는 '두곡양참'이 광복군 병영이 있던 자리란 것을 즉각 알 수 있었고, 2008년 10월에는 당시 그 곳에서 훈련을 받았던 노광복군님들을 모시고 가서 거듭 확인을 했다.

참, 1994년 4월 말 귀국한 뒤, 몇 년 지나서, 김준엽 님을 뵈었을 때, 내가 자서전에 올라 있는 사진은 어떻게 된 것이냐고 여쭸더니, 선생님께선 껄껄 웃으시며 이렇게 말씀을 하셨다. "자서전을 쓸 때 그 두곡마을을 다녀온 어느 분이 사진 한 장을 꺼내 보이며, 이 곳에서 특공훈련을 받지 않으셨냐고 묻는데, 하도 오래 전 일이라 기억이 가물거렸지만 그런 것 같기도 해서 그

사진을 자서전 초판에 실었었어요. 그런데 최근 내가 직접 현지에 가서 보니 그 사진은 홍교사 사진이 맞더라고요. 우리가 있던 곳하곤 전혀 상관이 없는… 허허허!" 하셨다.)

6. 시안(西安), 김구 주석이 해방 소식을 처음 들은 곳 '황루(黃樓)'

   [현주소] 산시성(陝西省) 성정부 구내

   * 당시 산시성 주석 쭈싸오쩌우(祝紹周)의 관저

   * 현재 지방문화재로 일반인 접근 금지

   ▪ 1999. 3. 9. 이봉원 발견 촬영

7. 노광복군(일본군대 탈출 학병)들의 탈출 경로와 현장

   ─ 서주, 고진, 숙주, 부양, 임천, 서안, 중경

   ▪ 1998. 10. 노광복군들과 함께 답사

8. 기강(綦江), 임시정부 청사가 있던 '임강가(臨江街) 43호' 자리

   [현주소] 重慶市 綦江縣 古南鎭 沱灣 8호

   * 당시 입주 때 지명은 타만(沱灣)이었고, 머무는 동안에 임강가로 바뀌었다가 현재는 다시 타만으로 바뀌었음.

   * 애국지사 박영준, 신순호, 지복영과 유족 김자동 님의 증언 일치

   ▪ 2005. 9. 현주소 확인

   ▪ 2007. 1. 19. 현지 촬영

독립기념관 현지 실태 조사 보고서의 오류

한국근현대사학회는 문화관광부와 독립기념관의 지원으로 2001년 12월 31일 독립기념관과 '국외 항일운동 유적(지) 실태 조사' 학술 용역을 체결하고, 조사 대상 지역을 중국 남부, 중국 서북부, 중국 동북부, 연해주와 중앙아시아, 일본, 미주, 유럽 등 7개 지역으로 나눠, 2002년 1월부터 8월까지 주로 방학기간을 이용하여, 각 20일 안팎의 기간 동안, 현지를 조사하였습니다. 조사 팀은 국외 유적지 답사에 경험이 많은 대학교수와 강사를 중심으로 구성하였는데, 책임연구원 1명과 연구원 2명, 독립기념관 연구원 1명, 사진기사 1명 등 5명이 1조를 이뤘습니다.

보고서는 2권으로 나눠, 2002년 11월 30일 '국외 항일운동 유적(지) 실태조사 보고서'란 제목으로 독립기념관 한국독립운동사연구소가 발행하였습니다. 그리고 이듬해인 2003년 8월 7일과 8일, 백범기념관에서는 관련 학자들이 참여한 가운데, '해외 독립운동 유적지 현황과 보존 문제'란 제목으로 학술 심포지엄이 열렸고, 자료집이 발간됐습니다.

저는 독립기념관이 만든 이들 보고서 속에서 지금까지 제가 조사한 것과는 다른 내용들이 있어서 아래와 같은 표를 만들어 보았습니다. 물론 제가 조사한 중국 현지 유적지들은 보고서에 나오는 유적지들 가운데 극히 일부이고, 비교는 그것에 한정하고 있습니다.

유적지	독립기념관 발간 '실태조사 보고서'	이봉원 제작 다큐
[상하이(上海)] ○ 홍구공원 내 윤봉길 의사 의거 현장	노신 동상 주변으로 추정 (300쪽)	노신 동상 앞 잔디밭의 호수 쪽 길가 (네 번째 가로수 자리에 단상이 있었다.) * 독립운동가 진춘호 증언
[푸양(阜陽)] ○ 한국광복군 제3지대 본부	미확인 (351쪽) *2007년 재조사로 확인 수정	현주소: 삼탑진 조붕마을 (푸양 시내서 阜南 쪽으로 20km 위치) * 당시 현지에 주둔했던 3지대 광복군들과 함께 1998년에 답사, 확인
[우한(武漢)] ○ 조선의용대 창설 장소	옛, 한구중화기독교청년회 건물 현주소: 중산대도 1090호 (364쪽) *2007년 재조사로 일부 수정	옛, 우창(武昌)시 대공(大公)중학교. (옛주소, 黃土坡上街 / 현주소, 紫陽路 省總工會處 자리)
[창사(長沙)] ○ 임시정부 청사 터	옛주소: 서원북리 6호 현주소: 서구 통태가 서원북리 1, 2호 (368쪽) *2007년 재조사로 확인 수정	옛주소: 서원북리 8호 (* 5호—8호, 2층 연립주택 1동, 당시 건물 사진 촬영) 현주소: 북구 통태가 서원북리 (北區 通泰街 西園北里) 2호 자리
[창사(長沙)] ○ 남목청	남목청 9호에서 4호로 주소가 바뀌었는데, 2002년 현재, 유적지는 없고 대신 아파트가 들어섰음. (370쪽) *2007년 재조사로 확인 수정	현존하는 일부 건물의 주소가 남목청 9호에서 2호로 다시 6호로 바뀜. 2007. 1. 현재 일부 건물 존재함
[창사(長沙)] ○ 상아의원	해방 뒤에 지은 별관을 사진으로 소개 (373쪽)	당시 건물인 본관이 따로 현존함
[치쟝(綦江)] ○ 임시정부 청사 터	현주소: 기강현 고남진 상승가 27호 (주택가) (424쪽)	현주소: 重慶市 綦江縣 古南鎭 沱灣 8호 (기강 강변)

		옛주소: 한인촌
[충칭, 토교(重慶 土桥) ◦ 임시정부 대가족이 살았 던 한인촌	옛주소: 유가만 남천집중영 현주소: 구룡파구 화계향 화계촌 *(410쪽)*	현주소: 파남구 리가타토교 (巴南區 李家沱土桥) 중경강 철집단　강관책임유한공사 (重慶鋼鐵集團 鋼管責任有 限公司) 자리
[시안(西安)] ◦ 한국 광복군 제2지대 본 부와 지대장 관사 터	현주소: 장안현 두곡진 도계보 (長安縣 杜曲鎮 桃溪堡)의 가옥 (64호, 65호) 터 *(236쪽)*	당시 이범석 부관이었던 김준 엽 지사는 현재 두곡소학교 (杜曲小學校) 자리라고, 현지 답사 후 확인
[시안(西安)] ◦ 성주석 공관 (김구 주석 이 일제 항복 소식을 처음 들은 곳)	조사하지 않음	[현주소] 산시성(陝西省) 성 정부 구내　'黃樓'

이밖에도 오자로 보이는 내용들이 있다.

(406쪽) 충칭, 광복군 총사령부 건물 주소 : 쪼우룽로(鄒容路) 39호 [현 味苑餐廳]
→ '37호'

(373쪽) 창사, 김구가 총상 치료를 받은 상아의원(湘雅醫院, 현 湖南醫科大學 附
屬病院 내) 주소 : '북청로' → '북참로(北站路)'

(373쪽) 상아의원 건물 사진 잘못 수록

(412쪽) 동암 차리석 지사의 생몰년대 : (1881－1954) → (1881－1945)

맺음말

다시 말씀 드리지만, 제가 주장하거나 추정하고 있는 유적지가 사실과 다를 수가
있습니다. 그 중에는 좀더 확인이 필요한 곳도 있습니다. 또 독립기념관이 2002년에
조사해 발표한 중국 내 관련 유적지들을 제가 모두 검토한 것도 아닙니다.

하지만 수많은 국외 유적지 가운데서 극히 일부라 해도 잘못 지정됐을 가능성이

있다고 하면, 그 밖의 다른 유적지들까지 포함해 총체적으로 정부 차원에서 다시 한 번 조사하고 확인해야 합니다.

그리고 재조사 때는 기록 문서에만 의존할 게 아니라 당시 그 자리에 있었던 생존 지사나 생존 유족의 증언을 청취해서 참고해야 합니다. 필요하면 비전공자의 도움도 구해야 합니다. 현지에서 묵묵히 이러한 데에 관심을 갖고 나름으로 조사 연구를 하고 있는 기업체 현지 주재원도 있습니다. 그런 사람들이 가지고 있는 정보도 적극 참고해야 합니다. 또 유적지가 어떤 상태에 있는지, 주요 지역에는 현지에 장기 체류하는 한국인 한 사람을 골라 유적지 지킴이란 명예 칭호를 주어, 정부가 정기적으로 실태 보고를 받을 수 있는 제도를 마련할 필요도 있습니다. 진작 이런 제도가 있었다면, 지난해 겨울(2006년 12월)에 철거된 기강현 상승가 107호 (조선혁명당 본부, 요인들 가족 거주) 건물의 일부라도 미리 확보할 수가 있었을 텐데 말입니다. 얼마나 중요한 국가 사업인데, 2002년 독립기념관 조사에선, 현지에서 지도 한 장 구입해 대조만 해도 금방 알 수 있는 것들까지도 놓치셨습니다.

2002년 정부의 국외 항일운동 유적(지) 실태 조사 보고서엔 분명히 문제가 있습니다. 이 1차 보고서가 족보가 되어 관련 분야에서 확대 재생산이 되지 않게끔 한시라도 빨리 2차 보고서가 나와야 합니다. 그렇지 않으면 잘못된 역사가 계속 세상 속으로 퍼져나가 굳어질 것이고, 후손들도 잘못 배우고 잘못 기념하게 될 것입니다. 아니 무엇보다도 천상에 계신 독립운동 선열님들께 우리는 큰 죄를 짓는 게 될 것이며, 영령들께선 매우 슬퍼하실 것입니다.

보탬

2007년 12월, 국가보훈처와 독립기념관은 '국외독립운동사적지 실태조사보고서Ⅶ
−중국지역' 편을 발행하면서, 위에 언급한 오류들 가운데서 일부분만을 바로잡았다.

(이 원고는 2007년 5월 2일 국회도서관 강당에서 국회의원 이원영 의원실과 세계평화청년연합이 공동으로 주최한 <국내외 독립운동 유적지 실태와 보존 방안>이란 제목의 토론회에서 발표한 것입니다.)

임시정부를 모독하는 건 '건국절'만이 아니다

— 정부는 잘못된 대한민국 임시정부 유적지를 바로잡아라. —

이 봉 원 (기록영화 제작가)

    올해(2008년)는 대한민국 90년이자 정부수립 60돌이 되는 해이다. 다시 말해 우리나라는 제헌 헌법의 전문('기미 3·1운동으로 대한민국을 건립…')과 현행 헌법의 전문('3·1운동으로 건립된 대한민국 임시정부의 법통을 계승…')이 이러한 사실을 적시하고 있다. 그런데 현 정부는 '대한민국 건국 60돌' 행사를 전국에서 대대적으로 펼쳤고, 뉴라이트 계열의 보수 세력은 아예 8월 15일을 '광복절'보다 '건국절'로 기려야 한다고 떠들었다. 이 날이 건국절이 돼야 한다는 얼빠진 주장들은 한 마디로 독립운동 선열들과 대한민국 임시정부(이하 임시정부)의 존재를 매우 모독하는, 반헌법적인 책동이라 아니할 수 없다.

    그런데 우리 선열들과 임시정부를 모독하는 사례는 또 있다. 임시정부 청사가 있던 장소를, 근거를 제시하지 못하는 중국 현지 지방정부의 말만 믿고, 엉뚱한 곳을 청사 유적지로 지정한 우리 정부와 관련 업무 종사자들의 행태가 그것이다. 더욱이 당시 현지에 거주해서 그 곳 형편을 잘 아는 독립운동가 여러 분이 청사가 있던 실제 위치를 증언하고 있음에도, 우리 정부는 무슨 까닭에서인지, 중국측이 일방적으로 지목한 장소만을 여전히 대한민국 임시정부 청사 유적지라고 공문서에 기록하고 있기 때문이다.

    2002년에 문화관광부와 독립기념관, 한국근현대사학회는 '국외 항일운동 유적지 실태조사 보고서'를 발행했다. 그런데 그 안에 있는 임시정부 관련 유적지 내용에 오류가 많았다. 이를 뒤늦게 안 글쓴이는 2007년 상반기에 일부 언론과 국회 토론회를 통해 이의를 제기했고, 그것이 계기가 되어, 정부는 2007년 여름에 문제가 된 일부 유적지에 대해 재조사를 한 뒤 그 해 12월에 보고서를 작성해 발표했다. 그런데 이 보고서에는 글쓴이가 문제를 삼은 것들 중 몇 군데는 재조사를 통해 수정이 되었지만, 그 밖의 것들에 대해선 조사단이 현지에 갔으면서도 조사를 한 것인지 안 한 것인지, 재조사를 한 결과 수정할 필요가 전혀 없었다는 뜻인지, 일절 언급이 없었다. 2002년 보고서에서 일부분이 단순히 표기와 인쇄 과정의 잘못 때문이었다고 한다면, 발견 즉시 정오표 같은 것이라도 만들어 발표하고 배포해야 했었다. 아니 적어도 2007년에 발행한 2차 보고서에서라도 그랬어야 했다. 그러나 유감스럽게도 정부와 관계자들은 그렇게 하지도 않았다.

그 한 예로, 정부가 2002년에 발표한 1차 보고서에서는, 1939년 4월부터 1940년 10월까지 대한민국 임시정부 청사가 있었던 장소(옛주소, 기강현 임강가 43호)를 현재 중국 중경직할시 '기강현 고남진 상승가 27호'라고 현장 사진과 함께 기록하였다. 그러나 당시에 상승가 27호에서 20여 미터 떨어진 이웃집(상승가 107호)에 살았던 신순호 여사(애국지사, 당시 18세)는, 임시정부 청사는 주택가 속에 있는 상승가 27호가 아니라, 거기서 조금 떨어진 기강의 강변에 있었고, 1990년 5월에 부군인 박영준 선생(애국지사, 당시 현지 거주)과 함께 현장을 가서 확인을 했다고 증언한다. 또 지복영 여사(애국지사, 당시 21세)도 '그때 임시정부 어른들께선 길 아래 강가에 집 한 채를 얻어서 계셨다.'고 생전에 글쓴이한테 증언했고, 그것을 녹화한 테이프도 가지고 있다. 또 당시 청사 건물에 살았던 김자동 선생(당시 12세, 현재 대한민국 임시정부기념사업회 회장)은 2005년 8월에 백여 명의 답사단을 이끌고 현지로 가서, 기강의 강가에 있는 청사 터(사진 1, 2, 3. 작은 아파트가 들어선 곳)를 확인하고 돌아온 바가 있다.

그리고 글쓴이는 2007년 1월에 이분들의 증언과 사진을 가지고 현지로 가서, 그곳이 현재 '고남진 타만 8호' 지역인 것을 확인했다. 증언 내용과 증언자가 찍은 사진과도 완전히 일치하는 지형의 조건을 갖춘 곳이다. 현재 '타만'이란 지명도 임시정부가 그 곳에 자리잡은 뒤 '임강가'로 바뀌었다가, 그 뒤에 다시 '타만'으로 고쳐졌다는 것이 신순호 여사와 현지인들의 증언이다.

그런데 정부가 2007년 여름에 독립기념관 연구원들을 현지로 보내 재조사까지 벌이고도 12월에 발간한 '국외 독립운동 사적지 실태조사 보고서'에서 아무런 언급을 하지 않은 까닭이 무엇인가? 나중에 글쓴이가 확인한 바로는, 연구원들이 현지 지방정부 기관에 가서 관련 자료가 있는지 조사했지만 소득이 없었다는 것이다. 그래서 재조사 보고서에 그와 같은 내용을 아예 싣지 않았다는 게 해명이다. 이게 말이 되는가? 중국 현지 지방정부의 말은 증거 자료가 없어도 믿으면서 당시에 현지에서 생활했던 임시정부 요인 가족 네 분의 생생한 증언은 그냥 무시해도 좋단 말인가? 그 결과, 우리 정부의 공식 문서에는 2008년 8월 오늘까지도, 1939년 4월부터 1년 6개월 동안 대한민국 임시정부 청사가 있던 중국 내 주소는 '상승가 27호'(지금은 재개발로 주소지 확인 불가, 사진 4)로 돼 있다.

네 분의 증언자 가운데 현재 생존하신 두 증언자께서도 고령이어서 관련 기관이 하루빨리 증언을 확보하지 않는다면, 이 문제는 영원히 미궁 속에 빠질 우려가 있고, 따라서 우리 국민은 엉뚱한 곳을 계속 임시정부 유적지라고 여기며 기념하게 생겼다. 그리고 이처럼 잘못된 기록은 내일도 학계와 언론 매체, 관련 단체 그리고 역사 서적들을 통해 국민들한테 계속 전파되고 교육될 것이다.

우리 한민족의 자랑스러운 항일 독립운동의 핵심 유적지를 정부가 이처럼 소홀히 한다면, 그것은 역사에 큰 죄를 짓는 일이다. 독립운동 선열들과 대한민국 임시정부를 모독하는 일이라고 해도 그리 지나친 말은 아닐 것이다. 정부는 하루라도 빨리 성실한 재조사를 통해 진실한 역사를 기록하고, 그래서 이런 실상이 '건국절' 운운하는 사람들에게 책잡힐 일이 되지 않도록 해야 한다.

<2008. 8. 15.>

대한민국임시정부기념사업회 김자동 회장의 증언

"임시정부 청사는 강변에 있었어요. 내가 소학교 5학년이던 1939년부터 2
년 동안 임정 청사 바로 옆집에 살아서 자신 있게 말할 수 있습니다. 이동
녕 선생 등 임정 요인들이 우리 집에 와서 식사를 하곤 했지요. 나는 집에
서 수영복을 입고 바로 강으로 가서 멱을 감곤 했어요. 십여 년 전에 가
봤을 때는 건물이 헐리지 않았었는데, 3년 전에 갔을 때는 다 헐리고 아파
트를 짓고 있더군요. 기강 부분을 보면, (정부가 발간한) 보고서를 불신하
지 않을 수가 없습니다. 독립운동 관련 학자들이 조사했다는 건데, 엉터리
도 그런 엉터리가 있을 수 없어요."

(2008. 8. 7. 한겨레21)

"먼저 현지 지명에서 '임강가'와 '타만'은 같은 곳이고, '상승가'와 '태자상'
또한 같은 곳이란 사실을 밝힙니다.

　그리고 대한민국 임시정부 청사는 귀양에서 중경으로 통하는 큰길(현재
城南路) 오른쪽으로, 기강의 강변 비탈진 곳에 있었습니다. 나란히 있는
석 채의 가옥 중 가장 큰 가운데집이 청사로 쓰였는데, 3층 구조라고 할
수 있지요. 이 집은 위 큰길 쪽에서 보면 단층에 지하 2층 구조이나, 강
쪽에서 보면 지상 3층 건물인데, 맨 위층은 주인이 살았습니다. 그러니까
위에서 보면 지하 1층과 아래에서 보면 지상 2층이 실은 같은 층인데, 그
층에는 주인이 쓰는 공간이 하나 더 있었고, 그 옆으로 청사 사무실로 쓰는
방이 붙어 있었어요. 이런 구조는 산악지대인 중경 지방에서는 흔히 볼
수 있는 것으로, 비탈면에 지은 집이기 때문에 이렇게 되는 겁니다. 맨 아
래 1층에는 이동녕 선생이 혼자 사셨고, 2층에는 사무실과 차리석 선생,
조성환 선생 내외분이 사셨는데, 유동렬 선생, 송병조 선생, 황학수 선생이
자주 드나드셨어요. 백범은 중경에 계셨기 때문에 일이 있을 때 어쩌다
한 번씩 다녀갈 뿐, 기강에는 거처가 따로 없었습니다.

　우리 가족은 강 쪽에서 보면 청사 왼쪽에 있는 집(1층은 대장간) 2층에
살았는데, 3층에는 이시영 선생이 혼자 사셨지요. 그리고 오른쪽 집에는
이준식 선생 내외분과 그 아들 동길이 사셨습니다."

(2008. 9. 9. 기념사업회 사무실)

【사진 1】

대한민국 임시정부 청사가 있던, 중국 중경시 기강현 타만 8호 (아파트 자리) 주변

* 2007. 1. 글쓴이 촬영

【사진 2】

대한민국임시정부기념사업회 회원들이 답사할 때, 한 대원이 찍은 현지 강변 사진

* 2005. 8. 촬영

【사진 3】

박영준/신순호 양 지사가 방문해 찍은 현지 강변 사진

* 1990. 5. 촬영

【사진 4】

2006년 말 재개발로 형체가 사라진, 상승가 27호가 있던 마을

* 2007. 1. 글쓴이 촬영